Jasmina Schreck

Ein Jahr in Finnland

Jasmina Schreck

Ein Jahr in Finnland

Reise in den Alltag

FREIBURG · BASEL · WIEN

Originalausgabe

© Verlag Herder GmbH, Freiburg im Breisgau 2015
Alle Rechte vorbehalten
www.herder.de

Umschlagkonzeption: Agentur R·M·E Roland Eschlbeck
Umschlaggestaltung: Designbüro Gestaltungssaal
Umschlagmotiv: © Vladimir Melnikov-Fotolia

Satz: Dtp-Satzservice Peter Huber, Freiburg
Herstellung: CPI Moravia Books, Pohorelice

Printed in Czech Republic

ISBN 978-3-451-06762-4

Inhalt

Prolog 7

Huhtikuu (April) 18

Toukokuu (Mai) 26

Kesäkuu (Juni) 32

Heinäkuu (Juli) 46

Elokuu (August) 64

Reisen in die Vergangenheit 76

Syyskuu (September) 83

Lokakuu (Oktober) 107

Marraskuu (November) 125

Reisen in die Vergangenheit 136

Joulukuu (Dezember) 140

Tammikuu (Januar) 160

Helmikuu (Februar) 177

Maaliskuu (März) 184

Die finnischen Monatsnamen 190

Prolog

*Von einer nordfinnischen Beerdigung
und einem Neuanfang*

„Mach wie du meinst, aber du weißt ja, wie es dir in Kuopio gefallen hat." Daran erinnerte ich mich noch. An die vier Wochen Sommer-Sprachkurs, an die Mückenhölle von Muruvesi, an den steinharten *kalakukko*, den wir als Kursteilnehmer backen mussten, und an meinen Wunsch, das ganze Leid abzukürzen und wieder nach Hause zu fahren. Wohlgefühlt hatte ich mich nicht in Kuopio. Und jetzt wollte ich ein ganzes Jahr nach Oulu. Meine Mutter sah wohl schon die nächste Katastrophe auf mich zukommen. Dabei war ich mir diesmal sicher. Todsicher sozusagen. Meine erste Begegnung mit der nordfinnischen Stadt einige Wochen zuvor war zugegebenermaßen kurz, aber dafür umso bemerkenswerter.

Alles begann mit einer Beerdigung. Zahlreiche Menschen, viele davon in dunklen Anzügen, waren an diesem Samstag im Oktober erschienen, um Abschied zu nehmen. Als das schwermütige Stück Adagio, getragen von Orgel und Geige, erklang und der Sarg von vier schwarzgekleideten Männern hereingetragen wurde, wurde es hingegen nicht totenstill unter den Angehörigen. Tobender Applaus brandete auf, die Leute schrien und klatschten laut in die Hände, bis die Sargträger sich in alle vier Richtungen verstreut hatten. Dort standen sie einen Moment, bis plötzlich einer von ihnen in der hintersten Ecke des Raumes auf ein bereitgestelltes Schlagzeug einschlug. Es folgte das ohrenbetäubende Schrammeln von Gitarren, dröhnender Lärm, der sowohl die Krachmacher als auch die versammelte Menge wild ihre Köpfe mit den langen Haaren schütteln ließ. Dass diese Szene in einer ehemaligen Fleischfabrik und nicht in einer Kapelle stattfand, trug vermutlich nur unwesentlich zu ihrem besseren Verständnis bei.

Zum Zeitpunkt des ungewöhnlichen Begräbnisses, im Herbst 2005, studierte ich Fennistik in Köln, war schon seit langem irgendwie verzaubert von Finnland und bereiste das Land mit steigender Frequenz. Zu allem Überfluss gefiel mir die Musik von Sentenced. Die Art, mit der die Metal-Band seit sechzehn Jahren in ironischer, makabrer, ja eigentlich auch recht humorvoller Weise über Selbstmord sang, war einzigartig. Sentenced hatten die Negativität vollendet. Nun zog das Ensemble aus Muhos, dreißig Kilometer südöstlich von Oulu, den Schlussstrich und trug sich endgültig selbst lebendig zu Grabe. Eigentlich hatte ich gar nicht vorgehabt, die 2000 Kilometer weite Reise zu dieser Beerdigung der besonderen Art auf mich zu nehmen. Zu weit und zu teuer, mit diesen Argumenten war das Thema erst einmal vom Tisch. Ende August, ich war mal wieder in Helsinki, piepte mein Handy. „Habe mit Dani einen Flug zum letzten Konzert gebucht. Hoffentlich kriegen wir Karten. Dachte mir in Wacken schon, das kann's nicht gewesen sein. Gruß Gravi." Gravi, eigentlich Grave Sista, und Dani, die ich im Homegrave, dem Sentenced-Internetforum, kennengelernt hatte, würden also doch hinfahren. Das letzte Konzert der Band in Deutschland hatten wir zusammen auf dem Wacken-Festival gesehen. Nun würde vor dem Ende nur noch eine Finnland-Tour folgen. Mein Gehirn ratterte beim Lesen der SMS. Oulu, das war weiter als Helsinki. So weit im Norden, wie ich noch nie im Leben gewesen war. Das ging doch nicht. Wo lag dieses Oulu überhaupt? Die Flüge waren bestimmt teuer. Und alles nur wegen des Konzerts. Und überhaupt.

Als sich das Flugzeug dem Ouluer Flughafen näherte, die scheinbar unendlichen Wälder näher und näher kamen, war ich mir immer noch nicht sicher, ob meine Entscheidung die richtige gewesen war. Drei Wochen zuvor hatte ich entgegen allem gesunden Menschenverstand einen Flug bei Finnair erstanden. Düsseldorf-Helsinki-Oulu, Oulu-Helsinki-Düsseldorf. Anderthalb Tage würde ich in Finnland sein. Einquartiert hatte ich mich bei einer Kommilitonin aus Köln, die gerade ein Austauschsemester in Oulu machte. Mit leicht spottendem Unterton hatte sie mir geschrieben: „Wenn du in Oulu ankommst, wunder dich nicht. Da ist ein so kleines Rollfeld, dass du über eine Treppe aus dem Flugzeug aussteigst und zu Fuß ins Flughafengebäude gehst. Mit den Bussen kannst du auch nichts falsch machen, da fährt nur die 19. Komm damit einfach zur Uni, ich hol dich ab."

Als ich dann am Ankunftstag aus dem winzigen Flughafengebäude heraustrat, glaubte ich, im wahrsten Sinne des Wortes im Wald zu stehen. Anstatt der riesigen grauen Betonhöllen, die ich bis dahin für die unvermeidliche Umgebung von Flughäfen gehalten hatte, statt der Parkhäuser und weitläufigen Flugterminals ragten in unmittelbarer Umgebung nur Bäume in die Höhe. Bezaubert und ohne mich großartig verlaufen zu können, stieg ich wie angeraten in den 19er-Bus. Scheinbar endlos ging es auch hier an Bäumen vorbei, bog der Bus nur einmal in städtisches Gebiet ein, um dann gleich wieder seine Fahrt durch den Wald aufzunehmen, bis ich nach einiger Zeit auf einem Schild plötzlich ein Wort erkannte. Yliopisto. Das war die Uni, wie ich aus meinen Finnischkursen wusste. Meine Kommilitonin wohnte in einem der hohen, bunten Häuser auf der Yliopistokatu, der Universitätsstraße. Sie hatte sich für heute Nachmittag mit den anderen Austauschstudenten zum Pfannkuchenessen verabredet, zeigte mir aber bei meinem Eintreffen noch ihr Zimmer. „Das hier ist auch witzig. Das Fenster kriegst du gar nicht richtig auf, nur den Spalt da an der Seite, und da ist außerdem noch das Mückennetz. Wahrscheinlich, damit keiner von hier oben runterspringt und Selbstmord begeht." Ich blickte aus dem Fenster im sechsten Stock. Bäume, soweit das ungläubige Auge reichte. „Na ja, mach dir Essen und geh ruhig was spazieren, das lohnt sich bei dem Wetter."

Das hatte ich gemacht, ich war spazieren gegangen. Die Sonne hatte geschienen, ich war die Umgebung abgelaufen. War zwischen Wohngebieten umhergegangen, nach kurzer Zeit auf einen See gestoßen und dem Ufer eine halbe Ewigkeit gefolgt. Ich hatte die ungewohnte Ruhe genossen, aber vor allem die herrlichen Herbstfarben bewundert, die ich noch nie zuvor so intensiv erlebt hatte. Die Vegetation leuchtete förmlich im strahlenden Sonnenlicht rot, gelb, orange und sogar lila. Dabei hatte ich das finnische rollende r geübt. Leise und verstohlen hatte ich Wörter vor mich hingesagt. *Kurrrkku. Koirrra. Kerrrma.* Die Landschaft hatte mich während meiner meist vergeblichen Bemühungen beruhigt, trotz der zweifellos harsch klingenden Sprache. Am nächsten Tag hatte mich meine Mitstudentin mit in die Stadt genommen. Das eigentliche Zentrum war angenehm klein und schnell erlaufen. Hier könnte ich leben, hatte ich da zum ersten Mal gedacht.

Abends war ich schließlich mit Gravi und Dani zur Beerdigung gegangen. Als der letzte Song, „End of the Road", gespielt und das letzte Instrument verklungen war, war es still geworden im *Teatria*. Menschen hatten sich in den Armen gelegen, viele mit feuchten Augen, andere hatten nachdenklich dagestanden, und ich – ich war einfach nur glücklich. Darüber, Sentenced nun doch bei ihrem allerletzten Auftritt gesehen zu haben, vor allem aber darüber, diesen Ort für mich gefunden zu haben. Während wir auf den Bus warteten, war mir aufgefallen, dass es bereits so kalt war, dass man unseren Atem als kleine Wölkchen deutlich in der Luft sehen konnte. Wie schon einige Male in den vergangenen 36 Stunden hatte ich in diesem Moment auch daran gedacht, wie anders Nordfinnland war. Kälter, bunter, beruhigender. Und erheblich übersichtlicher als das südliche Finnland, das mir jetzt plötzlich gar nicht mehr so nördlich vorkam wie zuvor.

In den anderthalb Tagen, die ich in Oulu bei meiner Kommilitonin verbracht hatte, war in mir der Gedanke gereift, dass ich es vielleicht einfach dort versuchen könnte. Die beschauliche Stadt hatte bei mir einen Eindruck hinterlassen, dorthin wollte ich zurück und den Alltag erleben. Und was hatte ich schon zu verlieren? Mein Studium in Köln befand sich aufgrund der beiden Nebenfächer, die ich laut Studienordnung brauchte, die mich aber größtenteils leider herzlich wenig interessierten, in einer Sackgasse. Überhaupt konnte ich mit der steifen akademischen Welt dort nichts anfangen, und meine weitere Zukunft in Deutschland erschien mir ungefähr so schwarz wie die Anzüge auf der gerade erlebten Beerdigung. Zudem fühlte ich mich angesichts der vollgestopften Straßenbahnen, in denen ich jeden Tag steckte, oft einfach nur hilflos. Über die Jahre war mir das Rheinland mit seinen Menschenmassen unerträglich geworden. Es kam mir vor, als würde ich wie in einem viel zu großen Ozean von den Wellen herumgeschleudert und bekäme noch dazu vor lauter Enge keine Luft.

Ganz entgegen meiner sonstigen Angewohnheit fasste ich relativ schnell einen Entschluss. Ich würde es in Oulu probieren. Der Erasmus-Austausch würde die Generalprobe werden. Könnte ich in Finnland leben? Trotz der Möglichkeit, im Falle eines Scheiterns wieder in die zwar zunehmend bedrückende, aber eben doch vertraute Welt zurückkehren zu können, packte ich meine Sachen so, wie es sich für mich bereits Monate vor der Abreise anfühlte: Wenn alles gut ging, würde ich Deutschland endgültig den Rücken kehren und ein neues Leben in Finnland aufbauen.

Elf Monate nach meinem ersten Besuch in Oulu holte mich Tiina Anfang September stilgerecht mit einem robusten Fahrrad von der Bushaltestelle ab. Wie auch bei meinem ersten Besuch strahlte die Sonne, mein Laptop und der gelbschwarze Schlafsack fanden auf dem Gepäckträger Platz, während wir uns auf dem Weg zu meiner zukünftigen Bleibe kennenlernten. Fahrräder, so fand ich wenig später heraus, sind das Verkehrsmittel Nummer eins in Oulu. In der Tat eignet sich kaum ein anderer Ort so zum Radfahren wie diese Stadt: flaches Terrain, ein weitläufiges Radwegnetz weitab von Straßen und teure Busse. Mein erstes vorläufiges Fahrrad in Oulu bekam ich dann auch schon ein paar Wochen später von Tiina, die sich als studentische Patin fürsorglich um ihre Austauschstudenten kümmerte und bei allerlei anfänglichen Problemen half. Für das hellrosafarbene Fahrrad, das sie eines Tages aus dem Fahrradkeller hervorkramte und mir einmal so ganz nebenbei überreichte, wurde sofort Hausmeister Kammonen bemüht, der den Sattel mit grimmiger Miene, aber doch hilfsbereit, auf die richtige Höhe einstellte.

Jedoch noch bevor ich mein Zimmer im Apinatalo, dem sogenannten Affenhaus, das mir in meinem ersten Jahr als Studentenunterkunft diente, bezog, wies Tiina mich in mein neues Leben ein. In die Supermärkte und Lebensmittelläden, die an diesem Samstagabend bereits geschlossen hatten, den Kiosk, die kleine Post auf der Ecke und natürlich die Bar Caio, die ich ihren Erwartungen nach von nun an jeden Dienstag besuchen würde. Ich war also endlich an dem Ort angekommen, von dem ich ein Jahr zuvor noch nicht einmal gewusst hatte, dass ich überhaupt dorthin wollte. Die Zitterpartie um einen von zwei Erasmus-Plätzen an der Universität von Oulu, die eigentlich nur von mir selbst ausging, da sich sonst in diesem Jahr kein einziger Kölner Fennist außer mir für diesen Platz bewarb, das Warten auf den Abflugtag, das lag jetzt alles hinter mir, denn nun hatte ich mit neuen Herausforderungen zu kämpfen.

An einem meiner ersten Tage in Oulu musste ich zum Beispiel eine Überweisung tätigen. Zunächst hatte ich es in Erwägung gezogen, dazu in die Stadt zu fahren und einfach hilflos aussehend in die Bank einzufallen, bei der ich gerade ein Bankkonto eröffnet hatte. Allerdings zog ich es dann doch vor, erst noch ein wenig über die Angelegenheit nachzudenken, eine Bekannte zu fragen, und entschloss mich letztendlich, mein Glück an einem *maksuautomaatti* zu versuchen. Wie es sich anhört, ist es auch: Die Finnen lieben ihre Glücksspielautomaten, die im Eingangsbereich jedes Supermarktes stehen, als wenn man sich das Geld für den Einkauf erst erspielen müsste, und die Zahlungsmaschine der Banken ist die Ausführung für Ausländer dieser Plastikmonster. Glücklicherweise hatten wir Austauschstudenten eine Gebrauchsanweisung mit auf den Weg bekommen, bei der man mit den rein finnischsprachigen Automaten konfrontiert nur noch ein wenig Kreativität brauchte, damit das Geld auf dem gewünschten Konto ankam. An diesem Tag schien ich eine wahre Glückssträhne zu haben. Ohne zwischenzeitlichen Schweißausbruch meinerseits druckte mir die Maschine eine Quittung aus, so wie ich sie mir erhofft hatte. Mein erster erfolgreicher Geldtransfer war besiegelt, die Miete bezahlt.

Weitaus problematischer gestaltete es sich schon, zunächst meinen Eltern verständlich zu machen, dass in Finnland im Jahre 2006 niemand mehr einen Festnetzanschluss hatte, und dann zudem von meiner finnischen Prepaid-Karte loszukommen, da diese nur innerhalb Finnlands funktionierte. Außer Skype musste ein Handyvertrag her. Mein erster Antrag wurde umgehend abgelehnt. Ich hatte keinen *henkilötunnus*. Ohne die zehnstellige persönliche Nummer, so stellte ich bald fest, war man in Finnland handlungsunfähig. Irgendeinen Namen konnte schließlich jeder haben. Es blieb mir nichts anderes übrig, als mich mit der finnischen Zahlenmanie abzufinden, wie überall anders, von der Fleischtheke bis zum Postamt, auch beim Magistrat eine Nummer zu ziehen, mir einen solchen *henkilötunnus* zuweisen zu lassen und ihn so schnell wie möglich auf Finnisch auswendig zu lernen. Ich begann zu existieren.

Eine weitere anfängliche Schwierigkeit stellte die in fröhlichen Farben gehaltene Uni mit ihrem komplexen Orientierungssystem dar, in das ich lange keinen Einblick hatte. Da sich fast alle Fakultäten in Oulu unter einem Dach befinden, sind die Räumlichkeiten auf den ersten Blick gigantisch. Um mich in dem bunten Labyrinth nicht zu verlaufen, folgte ich anfangs immer den ausgetretenen Pfaden, den Wegen, die ich bereits kannte, was zur Folge hatte, dass ich wahrscheinlich im Laufe meines ersten finnischen Studienjahres Umwege in Marathonlänge zurücklegte. Trotz aller Vorsicht verlief ich mich unzählige Male in dem Gebäude aus tausendundeinem Gang und erwog in meiner Frustration über meine Desorientierung die Brotkrümelvariante von Hänsel und Gretel.

Dennoch war ich sofort beeindruckt von meiner neuen Lehranstalt. Übermütig lieh ich mir zum ersten Mal in meinem Studentenleben ein Buch in der Bibliothek aus. Abgeschreckt von lästigen Regelungen, wie dem Verstauen aller Taschen und Mäntel in Schließfächern und dem Vorzeigen eines gültigen Bibliothekausweises vor dem Einsehen des Bücherbestandes im Kölner Philosophikum, hatte ich mir bisher alle wirklich notwendigen Bücher immer gekauft oder sie erst gar nicht gelesen. In Oulu dagegen konnte ich die Bibliothek frei betreten, ob mit oder ohne Ausweis, Jacke oder Rucksack, was mich dann letztendlich dazu anregte, mir in einem solch ungezwungenen Umfeld irgendwann auch eine Bibliothekskarte zuzulegen und tatsächlich etwas auszuleihen. Auch die gestelzte und erdrückend steife akademische Welt, die mir in Köln schon vor längerer Zeit die Freude am Studieren genommen hatte – eigentlich gab es die an meinem neuen Studienort so gar nicht. Dabei wollte es mir anfangs kaum über die Lippen kommen. Schließlich saß da ein Mann vor mir, mehr als doppelt so alt wie ich, noch dazu jemand, der den höchsten akademischen Grad innehatte. Und ich sollte einfach so hereingeschneit kommen, ohne Termin, und mich zu einem „du" zwingen. Das geht doch nicht, sagten mir gleich die jahrelang erlernten deutschen Konventionen, das kannst du nicht machen.

Nachdem ich dennoch versucht hatte, alle Hemmungen über Bord zu werfen, gelang es mir am Ende. Herr Professor Schmitt wurde zu Gerhard. Trotz meiner Fünf in Deutsch auf dem Abiturzeugnis fing ich zudem bald an, Germanistik zu studieren. Zu all den neuen Erkenntnissen – von wegen Numerus clausus, keinen Menschen interessierten irgendwelche Durchschnittsnoten auf irgendwelchen Abschlusszeugnissen, auf dem Boden saß während Vorlesungen niemand mehr und die Räume hatten Fenster – kam die mir zunächst ein wenig unheimliche technische Ausstattung des kompletten Unikomplexes. Computer mit Flachbildschirmen standen einsatzbereit an jeder Ecke, in jedem Kursraum und Hörsaal. Eine campusweite, frei zugängliche Internetverbindung erleichterte es mir in den ersten Tagen im zunächst internetlosen Affenhaus, meinen Eltern und Freunden meine neuesten Erfahrungen mitzuteilen. Dass Oulu als Technologiestadt bekannt ist, lernte ich erst viel später und fühlte mich noch lange Zeit wie in einem Science-Fiction-Roman.

Ganz und gar nicht fiktiv war die nahezu immer gut gelaunte Tiina, die mich von Beginn unserer Bekanntschaft an in ihr Leben immer wieder einbezog, mich sogar bald zu ihrer Familie nach Ylitornio einlud und es mir insgesamt schwerfallen ließ, den Stereotypen vom unnahbaren Finnen zu glauben. Vielleicht war sie es auch, die mir den Weg aus der berühmten Erasmus-Blase ermöglichte, in der häufig junge Menschen aller Nationalitäten ein halbes oder ganzes Jahr lang zusammen ein ihnen mehr oder weniger fremdes Land erkunden, aber doch irgendwie nicht an den Kern, die Einheimischen, vordringen.

Im Mai, als die anderen Austauschstudenten abreisten, war für mich alles anders geworden. Nach und nach hatte der unruhige Ozean mit den riesigen Wellen sich in einen ruhigen, übersichtlichen See verwandelt. Schließlich nahm ich Matti und Pekka, zwei kleine graue Meerschweinchen, in meinem Zimmer im Affenhaus auf. Die Entscheidung war damit gefallen.

Dass Matti und Pekka bei mir einzogen, ist nun sieben Jahre her. Ich war angekommen, hatte irgendwie durch Zufall das gefunden, wonach manche ihr Leben lang suchen und es vielleicht nie finden. In den vergangenen acht Jahren ist Oulu für mich zu dem Ort geworden, an dem man sich wohlfühlt. An den man nach einer Reise zurückkehren kann und sofort zuhause ist. Den man auch mal verflucht, aber dann doch wieder in den Arm nimmt, dessen Macken ein Teil des Ganzen bilden und an dem man immer wieder neue und alte Schönheiten zu finden imstande ist. Ohne den man auf lange Sicht orientierungslos wäre. Damals sah mein Leben vielleicht anders aus als heute und Matti und Pekka leben inzwischen auch nicht mehr, aber weniger merkwürdig ist es nicht geworden.

Huhtikuu

Von Buntmännern, pinkfarbenen Delfinen und dem verpassten Wasserbus

Manchmal steht man an der Bushaltestelle, es ist kalt, und man wartet auf den Bus. In manchen Fällen kommt der dann auch, man winkt dem Fahrer zu, zeigt an, dass man mitfahren will, und dann sitzt man da. An der nächsten Haltestelle steigen einige Menschen in Blaumännern hinzu. Eigentlich nicht immer in Blaumännern, sondern auch in Rotmännern, Gelbmännern, Grünmännern und Schwarzlilamännern. Dabei bleiben die einzelnen Farben oft in Gruppen zusammen. Sicherlich mischt sich auch schon mal ein Rotmann in eine Meute Grünmänner und umgekehrt, meistens sieht man aber Rudel von Grünen oder Blauen gemeinsam durch die Straßen ziehen. Und eben auch in den Bus steigen. Der Anführer der Neongelben trägt Luftschlangen um den Hals sowie einen Dackel auf dem Kopf. Ohne Inhalt. Was sich nach Gruselfilm anhört ist hier gang und gäbe. Zumindest an *Vappu*. *Vappu* ist die finnische Walpurgisnacht, die eher einem Karneval ähnelt, das wichtigste Fest im akademischen Kalender. An der Uni enden die meisten Kurse und damit für die meisten Studenten das Studienjahr Ende April, am letzten Tag des Monats wird kollektiv gefeiert. Im Prinzip ist *Vappu* nicht ausschließlich eine Studentenangelegenheit, auch als Nicht-Student darf man an *Vappu* die Sau rauslassen und noch mal seine *ylioppilaslakki* tragen, eine Mütze, die man zum Abschluss des Abiturs in

Finnland bekommt. Aber vor allem in einer Stadt wie Oulu, in der Studenten einen beträchtlichen Teil der Bevölkerung ausmachen, sind die angehenden Akademiker die auffälligste Feiergruppe. Und das ist gar nicht negativ gemeint. Schließlich lässt man sich was einfallen. Traditionell trägt man Overalls, jedes Fachgebiet in seiner eigenen Farbe. Ich habe zum Beispiel einen dunkelgrünen. So einen können Studenten von Englisch, Deutsch und Schwedisch ihr Eigen nennen. Da es nicht genügend Farben für das gesamte Studienangebot gibt, sind manche auch doppelt vorhanden. So wird man als Germanist immer wieder für einen Biologen gehalten. Für solche Missverständnisse gibt es aber die Aufnäher. „No biologist – ingen biolog – kein Biologe" prangt auf meinem linken Bein. Die Aufnäher bietet jedes *kilta*, in Deutschland würde man vielleicht sagen „Fachschaft", mit fachspezifischen Insiderwitzen an. So kann man sich in etwa als Nordist inklusive Lautschrift outen und wird zum FKK-Strandgänger, oder man wird als Student der finnischen Sprache daran erinnert, dass es sich bei dem Wort „*kännissä*" (besoffen) linguistisch gesehen um einen Inessiv handelt, sollte man es in der *Vappu*-Zeit mal vergessen. Damit sich die Anschaffung eines Overalls auch lohnt, beginnen die Feierlichkeiten rund um die Uni bereits eine Woche vor dem eigentlichen *Vappu*-Abend. Da wird gegrillt, sauniert, gepicknickt, und es werden Ruderwettbewerbe auf dem Oulujoki ausgetragen. Die Stadt füllt sich mit Horden von bunten Menschen, und am Abend vor dem ersten Mai ergießt sich – insbesondere im Falle von sonnigem Wetter – ein Meer von Farben über das Zentrum. So offensichtlich bevölkert sieht man Oulu zu keiner anderen Zeit des Jahres, außer vielleicht, wenn die *Kärpät*, das Eishockeyteam von Oulu, die Meisterschaft gewinnen.

Jedenfalls waren wir im Bus, und die Neongelben bahnten sich ihren Weg zielstrebig ins Innere. Wahrscheinlich waren einige Flaschen Bier auf dem Weg leer geworden, denn die Kopfbedeckung des Anführers ließ auf die Vernichtung eines *mäyräkoira*, eines Dackels, schließen. So heißt Bier im Zwölferpack aufgrund seiner Form in der finnischen Umgangssprache. Nun war allerdings nur noch die Kartonhülle übrig, die nicht mehr so sehr an welche Art von Hund auch immer erinnerte, aber trotzdem irgendwie genutzt werden wollte. Den *Wesibussi* hätten sie nehmen wollen, erklären die Neongelben dem Busfahrer, aber der komme erst wieder in anderthalb Stunden. So lange wollten sie nicht warten.

Der *Wesibussi*, Wasserbus, ist die Linie 69. Die pendelt jedes Jahr alle zwei Stunden zwischen Uni und Stadtzentrum. Das Prinzip ist einfach: Man nehme dreimal so viele Leute, wie normalerweise in einen Bus passen, presse sie in das berstende Fahrzeug, mache die Türen zu und fahre damit bei lauter Musikbeschallung rund um Oulu. Für den Fall, dass man der Busfahrer ist, halte man hin und wieder an und mache an hinreichend abgelegenen Stellen diejenigen Fahrmanöver, die man schon immer mal machen wollte, aber wegen der Straßenverkehrsordnung nie durfte (zu empfehlen ist hier zum Beispiel Rückwärtsfahren im Kreis). Ist man einer der Aufpasser im vorderen Teil des Wagens, stachele man die zahlreichen Mitfahrer auf der linken Seite des Fahrzeugs an einer Ampel dazu an, fest aufzutreten, ihr gesamtes Gewicht mit Schwung gen Erde zu drücken. Danach die auf der rechten Seite. Wieder die auf der linken. Bis der Bus einem Schiff in sturminduzierter Seenot gleicht. Trotz des Namens wird im *Wesibussi* natürlich alles andere als Wasser getrunken, aber wer glaubt, dass das zu einer heillosen Verwüstung des Busses führt, täuscht sich größtenteils. Die leeren Flaschen und Dosen werden fleißig im *pullomeri*, in einer riesigen Plastiktüte mit dem schönen Namen Flaschenmeer, entsorgt. Allerdings wird in den Regeln immer wieder darauf hingewiesen, dass unter anderem das „Entwenden der Notfallhämmer, Pinkeln und Kotzen sowie das Sitzen auf den Sitzlehnen" untersagt ist. Eigentlich gibt es keinen Grund, nicht den *Wesibussi* zu nehmen, unterstützt man mit dem Fahrgeld zudem noch einen guten Zweck. Jahrelang gingen die Einnahmen an Unicef, seit 2012 wird das Geld für die Kinderstation der Ouluer Uniklinik gespendet. Sollten alle diese Argumente immer noch nicht überzeugend genug sein, dann ist es auch einfach billiger, mit dem *Wesibussi* zu fahren. Denn der Preis für eine normale Fahrkarte in die Stadt liegt inzwischen bei 3,30 Euro, während der *Wesibussi* nur 2,50 Euro kostet. Allerdings muss man aufgrund der Beliebtheit der Wasserbusfahrten mit einer deutlich längeren Wartezeit rechnen, selbst wenn man weiß, wann der Bus in Linnanmaa auf dem Campus ist. Es wird empfohlen, sich mindestens 45 Minuten vor Abfahrt in die Schlange zu stellen, da sonst möglicherweise einfach kein Platz mehr im Bus ist, trotz allem Schieben und Drücken.

Unsere Neongelben hatten also dieses Jahr, oder auch nur heute, auf dieses klaustrophobische Vergnügen verzichtet und fuhren mit einem stinknormalen Bus der Firma Koskilinjat in die Stadt zu all den anderen Feierwütigen. Genauso wie wir. Als wir im Zentrum ankommen, ist es nur ein kurzer Weg zum Ainolan Puisto, dem riesigen Park, in dem sich diese bunten Horden mit ihresgleichen und auch anderen alljährlich treffen. Man isst, trinkt, singt und friert zusammen. Denn auch das ist ein ungeschriebenes *Vappu-*

Gesetz: Obwohl die Temperaturen in den letzten Wochen relativ vielversprechend aussahen – an diesem Tag schneite es nach langer Zeit mal wieder. Dicke Flocken umwirbelten unsere Fenster um die Mittagszeit. Also genau dann, als Dutzende von *Fuksis*, Erstsemestler, über eine Rutsche in die eisige, braune Brühe des kleinen Flusses im Ainolan Puisto rutschten. Rutschen mussten. Auch das ist Tradition, allerdings nur bei den *Teekkarit*, den Ingenieurstudenten, denen ohnehin der Ruf anhaftet, es mit den Feierlichkeiten sehr ernst zu nehmen.

Zum Glück scheint die Sonne, zumindest gelegentlich, als wir es uns auf der Wiese, an der Stelle, wo niemand ist, bequem machen. Eigentlich sollte man ja gewarnt sein. Wenn irgendwo niemand ist, dann ist meistens etwas faul. Sonst wäre da ja jemand. Aber außer ein paar Kötteln unbekannter Herkunft sehen wir nichts, und außerdem sind die Overalls so konstruiert, dass sie sowieso den gröbsten Dreck fernhalten. Wir warten. Hauptsächlich wollten wir uns mit Ildi, einer Freundin aus Ungarn, treffen. Ildi habe ich vor vielen Jahren kennengelernt, als ich über die E-Mail-Liste für Austauschstudenten einige Dinge verkauft und verschenkt habe. Sie nahm damals ein altes Laken mit. Und fragte mich, wo man in Oulu Rockmusik hören könne. Von da an waren wir unzählige Male gemeinsam bei Konzerten, haben an Wettbewerben zum besten St.-Patrick's-Day-Kostüm teilgenommen und sind von Nuorgam nach Utsjoki mit dem Fahrrad gefahren. Ildi ist extrem wissbegierig, begeistert sich schnell für Neues, und es zieht sie immer wieder nach Finnland zurück. Zurzeit arbeitet sie als Chirurgin in Raahe, einem Städtchen mit pittoresken Holzhäusern südlich von Oulu. Mit Ildi kann man viel Spaß haben, sich tiefschürfende Gedanken machen, ausgefallene Pläne schmieden – allerdings ist sie chronisch zu spät. Dass das auch heute so ist, hätten wir wissen können, aber nun sitzen wir hier. Und frieren. Es ist Viertel vor sechs. Atte fällt ein, dass *Alko* eventuell noch bis sechs Uhr aufhat. Jedes Jahr hat er *Leijona*-Schnaps dabei, deshalb findet er es jetzt plötzlich empörend, dass er dieses Jahr nicht daran gedacht hat. Also gehen wir zu *Alko*, dem staatlichen Alkoholmonopol. Es ist acht vor sechs, als wir uns unseren Weg durch die Menschenmenge bahnen, die wie wir versucht, einen letzten Einkauf zu tätigen. Vor den Kassen steht ein Wächter und beobachtet das Szenario genau. Alkohol ist so teuer in Finnland, dass er bewacht werden muss. Als wir den *Leijona* gefunden haben, graut mir schon vor dem Rückweg. Ein Meer von Menschen und begrenzter Raum lösen bei mir unwillkürlich Unmut und Fluchtinstinkte aus. Muss man vor Überbevölkerung in Finnland ansonsten eher weniger Angst haben – bei *Alko* kann es ganz anders aussehen. Allerdings habe ich das Gummischwein dabei. Ein Hundespielzeug, das Atte mir zum 27. Geburtstag geschenkt hatte und das mir immer wieder gute Dienste leistet, da es fürchterlich grunzen kann, wenn man es drückt. Röhrend findet es auch heute den Weg in die Freiheit.

Zurück im Park nippen wir von dem *Leijona*. Nach kürzester Zeit wird mir wieder kalt, und ich entschließe mich, zum Aufwärmen auf einen Baum zu klettern. Ich robbe den Stamm hinauf, erreiche einen Ast, auf dem ich mich niederlasse, winke Atte zu und merke, dass neben dem Baum auf dem Grillplatz jemand sitzt und mich anstarrt. Kurze Zeit später ruft Ildi an. Wir sollen auf die andere Seite der Brücke kommen, wo sie sich bereits mit ein paar Freunden niedergelassen hat. Im Hintergrund Singen. Ich sage, dass wir sie suchen gehen. Also bahnen wir uns unseren Weg zur

Brücke, vorbei an Gruppen von bunten Leuten, an Luftballons, pinkfarbenen Delfinen und Musikboxen. Neben einer Kiefer steht ein Rotmann und singt lauthals aus einem kleinen roten Büchlein. Da ist auch Ildi. Und Kalle. Kalle freut sich maßlos, als er uns sieht, und hält uns eine Flasche mit hellbrauner Brühe entgegen. Ich lehne dankend ab. „Kilju ist gut für dich!", ruft mir Kalle zu und versucht dabei, den Rotmann zu übertönen. Wer genau den *Kilju*, ein normalerweise nicht ganz so hochwertiges, hausgemachtes Alkoholgetränk, gemacht hat, bleibt so unklar wie der Inhalt der Flasche selbst. Atte vermutet indes, dass das Gebräu heftigste Durchfälle auslöst. Kalle ist das egal, er kämpft inzwischen gegen die Schwerkraft. Mit Ildi tauschen wir alle Neuigkeiten aus, während auf dem Dach eines nahen Gebäudes nackte Menschen auftauchen und winken. Rotmann singt aus seiner Bibel davon, wie es ist, eine erwachsene Frau zu sein, und gibt noch einige andere, in Karaokeschuppen höchst populäre Evergreens zum Besten.

Grün ist hier leider am letzten Tag im April noch nichts. Frühling in diesen Breitengraden bedeutet, dass der Schnee langsam zu schmelzen beginnt und die Tage endlich länger werden. Die Natur schillert während dieser Zeit in den schönsten Brauntönen. *Kevät* ruft bei mir daher ganz andere Bilder hervor als Frühling, obwohl diese Wörter in jedem Deutsch-Finnisch-Wörterbuch direkt nebeneinander stehen. Frühling riecht nach Blumen, nach frischem Gras, er fühlt sich nach Sonnenschein im Gesicht und an den Armen an und zeigt uns eine Mannigfaltigkeit von Farben, in der die Landschaft wochen-, ja monatelang erblüht. *Kevät* ist anders. Zuerst ist *Kevät* dadurch positiv gekennzeichnet, dass es plötzlich wieder überraschend lange hell ist. Dann steigen die Temperaturen. Tagsüber manchmal sogar in Plusbereiche.

Der Schnee schmilzt und enthüllt die Hinterlassenschaften von einem Winter Gassi gehen. Der schmelzende Schnee verwandelt Gehwege und Landschaft in Seen beziehungsweise Sumpflandschaften, wo vorher gar keine waren. Das praktischste Schuhwerk im April sind Gummistiefel, die es in allen modischen Variationen zu kaufen gibt. Nachts frieren die Wassergebiete wieder zu und verwandeln sich in eisige Kraterlandschaften, die das Überqueren mit dem beliebtesten Fortbewegungsmittel in Oulu, dem Fahrrad, zu einer Herausforderung werden lassen. Ohnehin erscheinen Boote tagsüber sinnvoller. Im späteren Verlauf sieht man Weidekätzchen, und die weniger frostempfindlichen Vogelarten kehren zurück in den Norden. Auf Blumen und Gras, die mitteleuropäischen Frühlingsboten, muss man allerdings bis Ende Mai warten. Und dann ist es eigentlich auch schon Sommer.

Nachdem wir mit Ildi mit Sekt angestoßen haben, kommt Henri dazu. Er hat Nachtschicht, aber vorher noch Zeit. Auch ihm ist kalt. Kalle bemerkt, dass ihm überhaupt nicht kalt ist, und fällt mitten im Satz zur Seite. Rotmanns Singen geht in ein Schreien über. Um kurz vor acht, nach zwei Stunden draußen, wird die Kälte unerträglich. Wir nehmen zusammen mit Henri den nächsten Bus. Der ist fast leer. Es ist eben nicht der *Wesibussi,* und wir sind keine die Nächte durchfeiernden *Fuksis* mehr.

Toukokuu

Vom Abwerfen des Winterfells, einem Giftgasanschlag durch Birkenpollen und warum wir nach einer finnischen Geburtstagsfeier eine neue Badezimmertür brauchten

„*Ei jumalauta!*", entfährt es Atte, als er am Sonntagmittag unsere Badezimmertür inspiziert. Im unteren Teil ist die Beschichtung komplett abgerissen, dahinter kommt braune Wellpappe zum Vorschein. Neben der Türklinke befindet sich ein ungefähr zwanzig mal fünfundzwanzig Zentimeter großes Loch. Gerade so groß, dass eine Hand reinpasst. „Die können wir wegschmeißen."

Scooter richtet sich von seiner Matratze auf, aber nicht lange, dann lässt er sich in die Kissen zurücksinken. Scooter ist ein Freund von Atte und dieses Wochenende bei uns zu Besuch. Seitdem er vor ein paar Jahren eigens wegen eines Konzertes der gleichnamigen deutschen Techno-Gruppe nach Oulu reiste, heißt er bei uns nur noch „Scooter". Immer, wenn Scooter zu uns nach Oulu kommt, ist was los. Zum einen redet er unheimlich gerne und viel, zum anderen produziert er jedes Mal eine neue Geschichte, die in dem Moment, in dem sie passiert, dazu führt, dass man am liebsten aus der Haut fahren möchte. Das mit dem Reden ist vor allem anstrengend. Wenn man Scooter kennt, weiß man, dass es nur ein Gerücht ist, dass Finnen schweigsam sind. Befindet man sich auch nur in der Nähe des Zimmers, in dem er sich gerade aufhält, beginnen sich ganze Wasserfälle auf einen herabzustürzen. Meistens reicht es ihm, wenn man einfach nur da ist. Allerdings fühle ich immer ein unbestimmtes Gefühl von Unhöflichkeit in mir hochkriechen, wenn ich auf seinen Redeschwall nichts antworte, es nicht einmal versuche. Also denke ich nach. Über neue Hemden von Stockmann, die er sich hier zulegt, weil es in seinem Wohnort keinen Stockmann gibt. Über die Qualität von bei *Alko* erhältlicher Sake. Über die Unannehmlichkeiten des Lehrerberufes. Bis ich nachgedacht habe, ist er schon beim nächsten Thema. Sehr selten komme ich zu Wort.

Nun stand zu Ehren seines Geburtstags ein Besuch im Caio an. In unserem Stadtteil Kaijonharju gibt es zwei Kneipen. Caio, die Studentenkneipe, und Kuutio, die Dorfkneipe mit der älteren Klientel. Es ist Samstagabend, und die Karaoke läuft heiß. Immer wieder melden sich Leute beim DJ und lassen ihren Namen oder ein Pseudonym zusammen mit einem Song notieren. Die Liste ist lang. Im Caio kann man alles vom finnischen Schlager über den Neunzigerjahre-Dancehit bis zum Rockklassiker singen. Das tun die Leute auch. Make singt Metallica, Leena Dingo und wir, ja wir gehen zu Alphaville auf die Bühne. Das habe ich entschieden, weil Scooter dieses Jahr bereits zum dritten Mal in seinem Leben in Japan war. Und großgewachsen ist er auch. Gestärkt durch Bier und Minzschnaps fällt die Singerei nicht schwer. „Things are easy when you're big in Japan!"

Zwei Stunden später sind wir zuhause. Scooter ist in unserem Badezimmer. Sehr lange. Diesmal sind wir es, die auf ihn einreden. Er soll gefälligst den Schlüssel finden, den er anscheinend beim Abschließen fallen gelassen hat. Zum ersten Mal überhaupt erlebe ich Scooter einsilbig. Er will raus aus dem Badezimmer. Hat genug von der Gefangenschaft in einer viereckigen Kiste einer Mietwohnung im achten Stock. Je länger wir ihm erklären, dass nur er selbst sich aus seiner Misere befreien kann, da sich auf unserer

Seite keinerlei Möglichkeit befindet, den Schlüssel zu finden oder die Tür zu öffnen, desto ruhiger wird er. Auch unsere Versuche, die Tür vorsichtig aufzuhebeln, schlagen fehl. Die Tür biegt sich, reißt schließlich ein. Am Ende gibt er resigniert auf, schläft auf dem Klo ein, und wir können keinen Kontakt mehr zu ihm herstellen. Anderthalb Stunden nach den ersten Hilfeschreien hat es keinen Sinn mehr. Der einzige Ausweg führt über den Gebrauch eines Hammers. In der Tür klafft ein großes Loch, als wir schließlich erschöpft zu Bett gehen.

Trotz seines *krapula*, Katers, und deutlichen Gewissensbissen ist Scooter bereits am frühen Nachmittag wieder der Alte. Ich sitze am Computer und versuche gleichzeitig darüber nachzudenken, wo wir eine neue Badezimmertür herbekommen könnten, während Scooter auf seiner Matratze über Rentierpizza philosophiert. Die bekomme man in Oulu wesentlich leichter als in den südlichen Gefilden, in denen Scooter lebt. Noch dazu begeistert ihn die Idee, es einmal mit Mayonnaise als Krönung des Ganzen zu probieren, auch das höre er hier nämlich zum ersten Mal. Scooter ist bereits Feuer und Flamme für die Ouluer Pizzakultur. Auch deshalb beschließt er am Ende seines fröhlich geführten Monologs, Pizza für uns alle zu besorgen, sobald er dazu in der Lage ist, und uns so für den Flur voller Holz- und Pappstücke zu entschädigen.

Zwei Tage später ist alles anders. Die Tür hängt zwar immer noch kläglich in ihren Angeln, aber es ist Sommer. Ging man vorgestern noch mit einer Jacke nach draußen, schwitzt man heute selbst in kurzen Hosen. Es sind 27 Grad, in Finnland offiziell eine Hitzewelle. *Helle*, Hitze, beginnt in den Wetterberichten ab 25 Grad. Von Winter zu Sommer – das geht hier oft in weniger als einer Woche. Was man in Mitteleuropa unter Frühling versteht und sich über Monate hinzieht, passiert im Norden explosionsartig in ein paar Tagen, quasi im Zeitraffer. Der Natur bleibt in Finnland mit seinen relativ kurzen Sommern auch einfach keine Zeit, sich mit einer langsamen Wachstumsphase aufzuhalten. Die Bäume, die 48 Stunden vorher noch komplett kahl waren, sind nun grün, noch nicht mit voll ausgewachsenen Blättern, aber es scheint dennoch, als wäre über Nacht der wie jedes Jahr heiß ersehnte Sommer gekommen. Wenn man ganz genau hinsähe, könnte man wohl auch dem Gras im wahrsten Sinne des Wortes beim Wachsen zusehen.

Dass es plötzlich so heiß geworden ist, bedeutet aber auch noch etwas anderes: Es ist höchste Zeit, das Winterfell abzuwerfen. Das kann man in einem See, Fluss oder auch im Meer tun. Wir haben mit dem Kuivasjärvi und dem Pyykösjärvi gleich zwei Seen in der Nähe. Der nächstgelegene Strand ist am Kuivasjärvi und von unserer Wohnung zehn Minuten zu Fuß entfernt. Einige Menschen braten bereits auf der Wiese, ein paar laufen in Badebekleidung im flachen Uferbereich herum. Kein gutes Zeichen. Das Wasser muss kalt sein – und ist es auch. Was kein Wunder ist, so lange ist es noch nicht her, dass der See von einer immer dünner werdenden Eisschicht überzogen war. Wir haben es uns trotzdem vorgenommen: ganz rein ins Wasser, und der Sommer kann offiziell beginnen. Vorsichtig staksen wir uns vor. Bis zu den Waden geht es. Dann frage ich mich ernsthaft, ob unser Vorhaben zu einem Herzinfarkt führen wird. Es ist eisig. Weiterlaufen ab Hüfthöhe hat keinen großen Sinn, denn es geht nur langsam in den flachen See hinein. Was bleibt, ist ein beherzter Sprung, der mir Frostbeule überraschenderweise zuerst gelingt. *Talviturkki heitetty!* Das

Winterfell bleibt im See zurück, ich bin erleichtert, geradezu glücklich. Das Schönste ist, aus dem Wasser zu kommen und die Wärme zu spüren, die die Sonne jetzt am Anfang des Sommers abgibt.

Am Abend dieses heißen Tages, an dem der Sommer begann, passierte aber noch etwas. Es fing damit an, dass sich die Luft schwer anfühlte, der Wind auffrischte. Es lag ein Gewitter in der Luft. Von weit her war Donner zu hören. Doch anstatt des strömenden Regens und der Blitze, die ich mir als nächstes vorgestellt hatte, bewegten sich plötzlich hellgrüne Wolken schnell und tanzend über den Wald, fast so wie Nordlichter am winterlichen Himmel. Die umliegenden Wohnhäuser und sogar die Papierfabriken auf Nuottasaari verschwanden im dichten, grünen Nebel. Beinahe hätte mich die Angst gepackt. Hatten wir es hier mit einem Angriff mithilfe von Massenvernichtungswaffen in Form von giftigen Gasen zu tun? Würden wir alle sterben, sobald wir die grünen Dämpfe, die über die gesamte Landschaft waberten, einatmeten? Irgendwie wirkte die Szenerie beängstigend, eigentlich vollkommen unwirklich. Gefährlich oder zumindest sehr unangenehm war das ungewohnte Schauspiel wohl hauptsächlich für Allergiker. Die Birken, von denen ganz Finnland dicht durchzogen ist, produzieren am Anfang des Sommers massenhaft Pollen. Bisher fiel mir das vor allem auf meinem Fahrrad auf, wenn es mal wieder bedeckt war vom feinen grünlichen oder gelben Staub, der am Lenker und am Rest des Drahtesels klebte. Das hier war allerdings ganz anders, die Sturmböen nahmen einfach alles mit, was sie von den Birken bekommen konnten, und wirbelten es wie ein Kartenspiel durch die Luft. Die Landschaft bekam einen Grünstich. Nur zehn Minuten nach Beginn des grünen Sturms war der Zauber auch schon vorbei.

Die Winde beruhigten sich, erlahmten schließlich und gaben der Welt ihre gewöhnlichen Farben zurück. Alles schien so still, als hätte nie ein Giftgasanschlag durch Birkenpollen stattgefunden.

Kesäkuu

Von schreienden Männern, Fünfzehn-Minuten-Orten und Würsten in rauen Mengen

Es zieht wie Hechtsuppe, als ich am Hafen von Toppila ankomme. Einige Leute tragen Mützen gegen den eiskalten Wind, der über das Gelände fegt. Statt Hecht wird Lachssuppe verkauft, alternativ auch *paistetut muikut*, gebratene kleine Maränen, die man auf fast jeder finnischen Veranstaltung im Sommer erstehen kann. Braungebraten werden sie hier zu Hunderten von der Verkäuferin in einer gigantischen Pfanne gewendet.

Ich bin bei den *Toppilan Meripäivät*, den Meerestagen von Toppila, um mich herum Menschen in dicken Jacken in einem Zelt und herumtobende Kinder mit Luftballons. Um Viertel nach eins wird die Bühne zum ersten Mal betreten. Männer in schwarzen Anzügen und weißen Hemden, einer nach dem anderen, beziehen ordentlich aufgereiht Stellung. Es sind um die fünfunddreißig, als der Herrenstrom aufhört, der Dirigent sich vor seine Gesangsarmee postiert und seinen Dirigentenstock hebt, auf dessen Kommando Dutzende von Männerkehlen anfangen zu schreien. Ein furchtbarer Lärm erfüllt die Luft. Minutenlang hämmert die Armee der Stimmbänder auf Trommelfelle ein, die durch den plötzlichen konfusen Krach auf eine Zerreißprobe gestellt werden. Als es endlich wieder still wird, klatschen die Zuschauer Applaus. Nun, so erklärt der Chorleiter, wird die Gruppe weitere Schlaf- und Kinderlieder zum Besten geben.

Wieder wird geschrien, mal in der hinteren Reihe, mal in der vorderen, mal links, mal rechts. Jeder hat seine Rolle, wie es sich in einem Chor gehört. Was, welche Worte merklich unter größter Anstrengung aus den Tiefen der Kehlen sprudeln, ist unmöglich zu sagen. Trotzdem scheinen einige Menschen im Publikum die Lieder wiederzuerkennen, lachen über diese ungewöhnliche Interpretation des bekannten Kinderliedes und applaudieren.

Vom Kinderprogramm geht die Vorstellung über in die Präsentation verschiedener Nationalhymnen, von der norwegischen über die schwedische bis hin zur deutschen. Der Chor gibt nochmal alles, bei der Marseillaise fallen verquer klingende französische Wörter wie unappetitliche Brocken aus den Mündern, dann hat die Schreierei so plötzlich, wie sie begonnen hatte, ein Ende. Das Publikum ist begeistert.

Die Gruppe, die ich gerade zum ersten Mal erlebt habe, ist der wohl bekannteste finnische Männerchor, *Mieskuoro Huutajat* (die Schreier), ein Oulu-Aushängeschild in derselben Liga mit der Luftgitarren-Weltmeisterschaft und dem dicken Polizisten auf dem Marktplatz. Da ist es nur passend, dass mich nach dem Konzert der nahezu immer vorhandene Ouluer Meereswind auf dem Fahrrad quasi direkt nach Hause bläst und auch der Geruch der Papierfabriken von Nuottasaari mal wieder über das gesamte Stadtgebiet weht. Es ist ein Tag, der nach Oulu klingt, nach Oulu riecht, sich nach Oulu anfühlt.

Suomen kesä on lyhyt ja vähäluminen – Der Sommer in Finnland ist kurz und schneearm, das ist allgemein bekannt. In der Tat hatte es seit Anfang Mai nicht mehr geschneit. Jetzt allerdings, am 18. Juni, droht die finnische Boulevardpresse, dass das Mittsommerfest bei kälterem Wetter gefeiert wird als das letzte Weihnachten. Das mag zum einen daran liegen, dass der zurückliegende Winter ungewöhnlich mild war, zum anderen daran, dass es gestern Morgen nicht nur in Oulu in dicken Flocken weiß vom Himmel fiel, was sogar kurzzeitig eine dünne Schneedecke auf dem Boden hinterließ. Selbst bis in den Süden nach Tampere und Mikkeli konnte ich den Aufschrei des Entsetzens verfolgen. Bis *juhannus*, dem der Sommersonnenwende nächstgelegenen Samstag, sind es zwar noch ein paar Tage, in denen sich das Wetter auch wieder komplett ändern kann. Allerdings sind die Aussichten nicht vielversprechend.

Verwunderlich ist das nicht. Vor keinem anderen Wochenende des Jahres werden die Wetteraussichten so eifrig verfolgt wie vor Mittsommer. Schließlich möchte man nicht im Regen im *mökki* sitzen. Wie Heidi einmal im Übersetzungskurs sagte: „*Oi juhannus*, die Sonne scheint, und alles ist so schön!" Woraufhin unser schon seit vielen Jahrzehnten in Finnland lebender schwäbischer Lektor trocken erwiderte: „Ja, aber so ist es ja nie." Ich vermute, dass ich inzwischen das Heidi-Syndrom habe. Ich erinnere mich immer an den vielleicht einzigen Mittsommer, an dem das Wetter schön war, und vergesse mit Begeisterung all diejenigen, an denen es geregnet hat und kalt war. An *juhannus* ist es nämlich sonnig, warm, die Vegetation steht in voller Blüte, man sitzt draußen, irgendwo weit weg von jeglichen Städten im idyllischen Sommerhäuschen, und hat alle Zeit der Welt, um zu essen, zu saunen und allgemein das Leben zu genießen. Die Sonne geht nie unter, und wer weiß, vielleicht erscheint einem gerade in dieser Nacht der zukünftige Ehepartner, denn der Mittsommernacht wird in den Kulturen, in denen das Fest gefeiert wird, eine magische Komponente zugesprochen. Ob man dazu über sieben Zäune steigen und sieben verschiedene Blumen sammeln und unters Kopfkissen legen muss, um den baldigen Ehemann im Traum zu Gesicht zu bekommen, oder ob es ausreicht, sich nach finnischem Brauch Mut anzutrinken, sei mal dahingestellt.

Unsere Mittsommerpläne für dieses Jahr nehmen langsam Gestalt an. Es soll nach Jyväskylä, Attes Heimatort, gehen. Dort dann zu Nikos Eltern, von denen ich nur weiß, dass sie irgendwo im Wald wohnen und eine Rauchsauna besitzen. Abfahrt ist Freitagmorgen, da Atte Angst vor Staus hat, die sich angeblich im ganzen Land am Nachmittag vor dem Mittsommerabend bilden. Schließlich will jeder raus aus der Stadt und irgendwo aufs Land ins *mökki*. Ich persönlich habe in Finnland noch nie einen Stau gesehen, glaube aber, dass zwischen unseren Ansichten von dem Begriff „Stau" ein großes Loch, vielleicht sogar eine Schlucht, klafft. Ich denke an dreispurige Autobahnen, auf denen man entweder steht oder sich im Schritttempo vorwärts bewegt. Die Sonne knallt aufs Auto, im Inneren ist es heiß, man fängt an zu schwitzen. Nichts geht mehr, jetzt verliert man möglicherweise eine ganze Stunde und ärgert sich tierisch. Er denkt an drei, vielleicht sogar vier Autos, die vor ihm fahren und die er gerade nicht überholen kann, weil der Überholstreifen erst in zwei Kilometern anfängt. Auch er ärgert sich dann tierisch.

Der Freitagmorgen ist hektisch. Wir haben zwar schon gepackt, Klamotten, Schlafsäcke und Essen für das gesamte Wochenende, da von Freitagmittag bis Sonntag alles zu hat. Aber die Pflanzen müssen aufgrund der theoretisch möglichen prallen Sonne auf dem Balkon ins Innere der Wohnung ziehen und ausgiebig gegossen werden, außerdem müssen Aapo und Onni ihre Wochenendration bestehend aus Melone, Gurke, Salat und Müsli bekommen. Das „Müsli", jedenfalls glaubte das einmal Attes Freund Niko in der kleinen Schüssel voller Meerschweinchen-Trockenfutter auf dem Küchentisch zu sehen, gehört natürlich auch in den Ball. Nichts hält Aapo so auf Trab wie der Ball. Sobald dieser in der Wohnung auf dem Boden liegt, klemmt Aapo auch schon dahinter. Schiebt ihn durch den Flur. Unter das Sofa. Hinter die Tür. Schubst ihn gegen Wände, um auch noch den kleinsten Rest Müsli herauszubekommen, der dann die gesamte Wohnung ziert, weil Aapo nur einen Bruchteil davon als zum direkten Verzehr geeignet empfindet. Besser werden die Körner, wenn sie schon ein paar Tage auf dem Boden liegen und sich festgetreten haben. Alte Meerschweinchen-Weisheit. Der blaue Ball wird unermüdlich gerollt, stundenlang, tagelang, bis er irgendwo liegen bleibt, wo Aapo ihn später nicht mehr findet, und wir vielleicht auch nicht. Die knapp sieben Jahre, klares Meerschweinchen-Greisenalter, sieht man ihm oft gar nicht an. Er meistert immer noch problemlos, wenn auch bisweilen langsam, die Brücke in und aus dem Käfig. Sein Zimmergenosse Onni interessiert sich da schon mehr für die inneren Werte des Balls. Sich ganz ohne Grund zu bewegen, das käme bei ihm nicht in Frage. Euphemistisch ausgedrückt, quasi wie direkt aus einem Bewerbungsschreiben, könnte man sagen: Onni ist erfahrener Experte für Schlafpositionen. Seine Spezialität ist die bequeme Seitenlage, die er schon in frühen Jahren nahezu perfektioniert hat. Dazu bringt man das dicke Fell in eine angenehme Position, lässt sich Kopf voran auf die Seite fallen und streckt anschließend erst die braune, dann die weiße Hinterpfote meilenweit vom Rest des Körpers weg (oder umgekehrt, je nachdem, auf welche Seite man sich entschieden hat, zum Liegen zu kommen). Zum Abschluss seufzt man tief.

Im Auto angekommen stelle ich mich auf knapp vier Stunden Wald und Wiesen ein, gelegentlich unterbrochen von Holzhäusern, Tankstellen und Grillbuden. Vorbei geht es an Kempele, Liminka und Tyrnävä, dem Mekka der Kartoffelbauern. An Hautajoki, dem Grabesfluss, der abgelöst wird vom Elämäjärvi, dem Lebenssee. Landschaftlich sieht man Bäume. In großen Mengen und beidseitig ziehen Birken, Kiefern und Tannen auf flachem Gelände vorbei. Einige Finnen meinen, dass das langweilig sei. Immer nur Bäume! Dazwischen Felder, vereinzelte, meist rote Häuser, zerfallene Holzschuppen, Traktoren, Höfe, Seen. Feldwege führen in den Wald, an den Abzweigungen hängen rote Plastikbriefkästen an Pfählen. Ab und zu geht es durch eine kleine Ortschaft. Die gesamten 350 Kilometer bis nach Jyväskylä fahren wir auf einer Landstraße, ausgenommen einige Kilometer Autobahnfahrt gleich hinter Oulu. Landstraßen sind hier die Norm, eine Hektik mit mehrspurigen Autobahnen, bei denen man eine Ausfahrt verpasst und dann verloren ist wie in Deutschland, muss man in Finnland kaum fürchten. Schließlich kann man immer umkehren, falls man sich doch verfahren sollte. Das trägt seit jeher zu meiner Erleichterung bei, genauso wie die ruhige Baumlandschaft. Immer, wenn ich meine, dass ich mal wieder „raus in die Welt" müsste, komme ich zurück und fühle mich einfach nur erleichtert. Darüber, dass nicht Stadt neben Stadt und Haus neben Haus steht, sondern Wald neben Wald, was ungemein zu dem Gefühl beiträgt, Platz zu haben und wieder atmen zu können.

Inzwischen erblüht die Landschaft gleich neben der Fahrbahn in den buntesten Farben. Weiß neben Rot und Gelb, je mehr wir nach Mittelfinnland kommen auch und vor allem in Violett und Rosa. Dort übernehmen Lupinen im Juni die

Herrschaft, was zwar wunderschön aussieht, aber dem finnischen Umweltinstitut Kopfschmerzen bereitet. Ursprünglich aus Nordamerika stammend und in Finnland als Gartenpflanze eingeführt, haben sich die Lupinen in manchen Teilen des Landes so sehr verbreitet, dass sie die finnischen Arten bereits verdrängen. Von den frühsommerlichen Blumenlandschaften immer noch bezaubert, kommen wir bei Niko an. Der bringt Pekka mit, und zu viert machen wir uns auf den Weg, noch eine fünfte Person abzuholen. Das ist nicht so einfach. Das einzige, was Niko zu deren Aufenthaltsort weiß, ist die Straße und „dann nach ungefähr hundert Metern nach rechts". Auch wenn man es nicht glauben sollte, der Weg, den wir fahren, hat einen Namen. Es geht einen Hügel hinauf, und hinter manchen Kurven wartet eine Überraschung, die man so gar nicht erwartet hatte, hier im Wald: Da steht ein Haus. Nach einem halben Kilometer sind sich Fahrer Atte und Navigator Niko fast sicher, dass wir zu weit sind und umdrehen müssen. Schließlich findet sich doch noch der richtige Weg nach rechts, und Aku steigt hinzu. Nach einem kräftigen Schluck aus seiner Bierdose wirft er mir ein entschiedenes *„Terve!"* auf den Rücksitz zu. Ich grüße zurück. „Ich darf doch hier trinken, oder?", fragt er den Fahrer plötzlich ein bisschen besorgt. Selbst durch den Sitz kann ich spüren, wie er strahlt, als ihm sein wahrscheinlich nicht erstes Mittsommerbier gestattet wird.

Die Fahrt zu Nikos Eltern findet mit sicherer Ortskenntnis statt. Nach einigen Kilometern Schotterweg durch den Wald, auf denen ich jedes Mal denke, dass da doch wohl nichts mehr kommen kann, erscheint es vor uns. Ein Haus. Keine Hütte, kein *mökki*, kein Sommerhäuschen, sondern ein richtiges Haus. Nikos Eltern begrüßen uns. An Atte und Pekka erinnern sie sich noch, an Niko zum Glück auch, bei

Aku wird es schwierig, und ich bin vollkommen neu. Ein gefundenes Fressen für Nikos Vater, der zwar sehr gastfreundlich ist, aber eben auch neugierig. Niko flüstert mir zu: „Der wird dir heute noch viele Fragen stellen." Zunächst wünscht man mir aber nur ein schönes Mittsommerfest und fragt, wie ich die Reihenfolge in der Sauna am liebsten hätte. Wir einigen uns darauf, dass zuerst Atte und ich gehen, dann die Jungs zusammen und zum Schluss Nikos Eltern. Wir verstauen unser im Auto inzwischen leicht warm gewordenes Essen im Kühlschrank und werden gefragt, ob wir für die Sauna Bier oder *siideri* wollen. Ich zögere etwas. Natürlich haben wir unsere eigenen Vorräte mitgebracht, denn Alkohol ist teuer in Finnland. Den kann man doch nicht von Fremden einfach so annehmen, denke ich. Nikos Vater besteht darauf. Na gut. Ich entscheide mich schließlich für das preislich günstigere Bier anstatt für den Cider. „*Totta kai, Saksassahan juodaan olutta!*", ruft er mir freudig und wissend zu. Klar, in Deutschland trinkt man ja auch Bier!

Vor allem sollen wir die Sauna genießen, die zu Ehren von *juhannus* heute mehrere Stunden lang aufgewärmt wurde. Normalerweise brauchen selbst holzbeheizte Saunas nicht so lange, um auf eine geeignete Temperatur zu kommen. Bei Nikos Eltern gibt es aber eine ganz besondere Sauna: *savusauna*, eine Rauchsauna. Die braucht länger. Als wir in dem dunklen warmen Raum mit den verrußten Innenwänden sitzen, entspannen wir uns endlich von den letzten Wochen und der Fahrt. Obwohl ich mich auch jede Woche auf unsere Saunazeit zuhause freue – eine mit Holz beheizte Sauna ist nochmal etwas ganz anderes, da sind Atte und ich uns einig. Schon alleine das Knistern des Feuers beruhigt. Von der Sauna führt ein Weg zu einem Steg, von dem aus man sich im See nach dem Saunagang abkühlen kann. Einfach ist das diesen Sommer nicht. Draußen sind es 11 Grad, das Thermometer, das vom Steg in den See baumelt, zeigt 14 Grad an. *Juhannus* hat jedoch noch nie nach Graden gefragt. Zweimal lassen wir uns an diesem Abend nackt ins Wasser fallen.

Zurück im Haus unterhalten Nikos Eltern sich mit mir über Mittsommer. Sie fragen, ob es das Fest auch in Deutschland gebe. Dass es das in diesem Sinne dort nicht gebe, liege wahrscheinlich an dem größeren Stellenwert, der dem Wechsel des Lichts zu verschiedenen Jahreszeiten im Norden zukomme, spekuliert Nikos Mutter. Zumindest in Schweden feiert man *midsommar*, und auch in Estland ist der *jaanipäev* eine wichtige Tradition. Dort konnte ich letztes Jahr mein erstes Mittsommerfeuer erleben, als ich eine Woche auf der Insel Hiiumaa verbrachte, um auf einem Bauernhof auszuhelfen. Am Abend des längsten Tages des Jahres hatten sich die Bewohner sämtlicher umliegender Dörfer um das riesige Feuer versammelt, um zu tanzen und in diversen Wettbewerben wie Tauziehen und Gummistiefelweitwurf gegeneinander anzutreten. Sicher liegt in der deutlichen Divergenz der Tages- und Nachtzeiten im Laufe eines Jahres ein plausibler Grund dafür, warum Mittsommer ein so bedeutendes Fest im Norden ist. Auch wenn ich ein bisschen übertreibe, als ich antworte, dass es in Deutschland doch immer gleich ist – verglichen mit Finnland sind die Jahreszeiten und damit verbundenen Lichtunterschiede dort stark verwässert. Oft werde ich gefragt, wie denn das Wetter in Deutschland normalerweise in einem bestimmten Monat ist und wie warm es wird. Dann denke ich nach – und weiß es eigentlich gar nicht. Wahrscheinlich gerade deshalb, weil die Unterschiede nicht so groß sind und Jahreszeiten für mich daher anscheinend keine große

Bedeutung hatten. Seit ich in Finnland lebe, weiß ich dagegen genau, wann normalerweise der Schnee schmilzt, wann es wie lange hell ist und wann welche Pflanzen sich in welcher Wachstumsphase befinden. Man lebt intensiver und freut sich über den Sommer und die Helligkeit wie ein kleines Kind. Schon alleine deshalb, weil er so kurz ist.

Als alle in der Sauna waren, wird gegrillt. Aufgrund der Kälte und des Regens nicht am offenen Feuer, sondern auf der Terrasse. Es sind Unmengen von *makkara*, Würsten, in verschiedenen Geschmacksrichtungen vorhanden. Mit Cheddar, Pfeffer, Salami, Schimmelkäse und Knoblauch. Jeder hat natürlich sein eigenes Paket mitgebracht, und dazu noch zwei andere, falls jemand mitessen will. Wir versinken in *makkara*. Bei mir kommt irgendwann, oft schon im frühen bis mittleren Sommer, der *makkara*-Sättigungspunkt. Dann will ich einfach keine finnischen Würstchen mehr essen. Bei jeder Gelegenheit, immerhin könnte es ja die letzte für den jeweiligen Sommer gewesen sein, wird *makkara* gegrillt. Meistens am offenen Feuer und auf einen Stock aufgespießt, warten Millionen dieser Würste auf ihr Schicksal, im besten Fall nicht ganz schwarz zu werden. Ein finnischer Sommer ohne *makkara*, das wäre unvorstellbar. Pekka schafft heute sechs Würste, anderthalb Packungen.

Der Samstag, der eigentliche Mittsommertag, beginnt mit der Frage, wie viele Menschen bei den diesjährigen Mittsommerfeiern bis jetzt ertrunken sind. Die Aussichten sind nicht vielversprechend, da die Temperaturen, die dieses Jahr im ganzen Land vorherrschen, nicht zum Schwimmen und Rudern einladen. Der Klassiker, eine Leiche mit offener Hose in einem See (die typischerweise dadurch zustande kommt, dass die Person zu Lebzeiten betrunken auf einem Ruderboot von einer vollen Blase überrascht wird), ist noch nicht gefunden worden. Dafür gab es Verkehrsunfälle mit alkoholisierten Fahrern, in Brand gesetzte Saunas und brennende Sofas. Hätte man dieses Jahr darauf gesetzt, dass niemand ertrinkt, hätte man gute Chancen, reich zu werden, denn es gilt als äußerst unwahrscheinlich, dass es an einem Mittsommer keine Ertrunkenen zu beklagen gibt. Der Durchschnitt liegt bei acht bis neun Ertrunkenen pro *Juhannus*-Wochenende. Ich lese mich durch die Vorfälle der vergangenen Nacht und bleibe bei einem Fall hängen, in dem in Jyväskylä vor einem Hotel gegen vier Uhr morgens geschossen wurde. Das Opfer ist nicht mehr in Lebensgefahr, der Täter wird gesucht. Als ich den Absatz den anderen mitsamt dem Namen des Hotels vorlese, wird es leise, dann heißt es: „Genau da hatten wir heute vor hinzufahren, um Frisbeegolf zu spielen." Na prima!

Ich bin kein Sportler. Ich habe nichts dagegen, mich zu bewegen, ganz im Gegenteil, ich fahre viel Fahrrad, wandere und arbeite in meinem Gemüsebeet, bis ich erschöpft bin. Aber man wird mich nie in Jogginghose, mit Sportgeräten oder gar in einem Fitness-Studio antreffen. Wenn ich mich bewegen soll, dann möchte ich, dass es auch einen praktischen Sinn hat. Deshalb bin ich froh, dass es neben den Frisbeegolf-Feldern auch Wanderwege durch den Wald gibt. Während die anderen sich am ersten Loch anstellen, suche ich mir eine geeignete Strecke auf dem Plan aus und gehe los. Vorbei geht es an einem See, immer tiefer in den Wald hinein. Je weiter ich mich vom Anfangspunkt entferne, desto ruhiger wird es. Nach einigen Kilometern treffe ich niemanden mehr. Spaßeshalber halte ich an, um zu hören, welche Geräuschkulisse übrig bleibt, wenn man meine Schritte davon abzieht. Ich stehe da und lausche. Ruhig ist es, still nicht. Das Rauschen der Laubbäume. Vogelzwitschern. Eine Stimmung, andächtiger als in einer Kirche. Während ich so auf dem Weg stehe und mich mit geschlossenen Augen darauf konzentriere, wahrzunehmen, was um mich herum passiert, fällt mir etwas ein: Vielleicht ist gerade das hier ein potentieller Fünfzehn-Minuten-Ort. Jedenfalls halte ich es für möglich, dass ich kein von Menschen verursachtes Geräusch hören würde, wenn ich eine Viertelstunde hier stehen bliebe. Denn Lärm gibt es hier, zumindest in dem Moment, in dem ich innehalte, nicht. Über den Begriff des „Fünfzehn-Minuten-Ortes" bin ich vor kurzem im Buch „Toisinnäkijän päiväkirja" von Kaarina Davis gestoßen. Davis zog vor vielen Jahren auf der Flucht vor dem unzumutbaren Stress, dem sie als Krankenschwester begegnet war, auf ein altes Familiengut mitten im Wald. Bei einem Besuch stellt ihr amerikanischer Vater fest, dass es sich bei Alhonlahti um einen „Fifteen minutes place" handelt, einen Ort, der so abgeschieden ist, dass Menschen mindestens eine Viertelstunde lang akustisch nicht zu vernehmen sind. In ihrem Tagebuch schreibt Davis leider auch davon, wie Kahlschläge Alhonlahti in den letzten Jahren drastisch verändert haben. Mich hatte das Buch vor allem nachdenklich gemacht. Derart ruhige Orte, wie Davis sie beschreibt, sind heutzutage zweifellos extrem rar. Man muss es sich einmal überlegen: Wohin könnte man heute eigentlich noch gehen und würde keinerlei Maschinen, Autos, Menschen hören? Um Motorendröhnen, Baustellenlärm, jedwedem Gepiepe und akustischem menschlichen Gewimmel, eben dem alltäglichen und allgegenwärtigen Lärm zu entfliehen, kann man natürlich zum Nordpol reisen. Oder hoffen, dass man sich in Finnland des Glücks, solche Orte tatsächlich noch zu haben, früh genug bewusst wird.

Dass mich der Lärm wieder hat, merke ich, als ich den

Berg erklimme, der eine Aussicht über das ganze Gebiet verspricht. Im Winter springt man hier mit Skiern von der Skischanze, für den Sommer wurde ein Frisbeegolf-Parcours gebaut. Manchmal hatte ich mich gefragt, wofür diese Körbe im Park in Toppila gebraucht würden, bis ich dann das erste Mal von Frisbeegolf hörte. Das Prinzip ist genauso wie bei normalem Golf, von einer bestimmten Stelle aus versucht man, den Ball ins Loch beziehungsweise das Frisbee in den Korb zu bekommen. Statt verschiedenen Schlägern gibt es Frisbees mit verschiedenen Flugeigenschaften, manche für kurze Wurfdistanzen, manche für lange. Um die Frisbees unterscheiden zu können, haben sie oft heroische, an die Geschichten des finnischen Nationalepos Kalevala angelehnte Namen und Illustrationen. Seit diesem Sommer scheint die halbe Bevölkerung Finnlands Frisbeegolf zu spielen. Dass ich mich so ganz ohne Frisbeegolf-Koffer in der hügeligen Landschaft bewege, wird beargwöhnt. Wie als Entschuldigung zücke ich meine Kamera und mache Bilder von den Blumenfeldern, die sich den Berg hochziehen. *„Heitä nyt!"*, schallt es von rechts. Jetzt wirf doch! *„JES!"* Das Frisbee fällt klirrend in den Korb. Eine neue Gruppe erscheint und sucht nach der jetzt taktisch am besten zu verwendenden Wurfscheibe. Als ich schwitzend oben ankomme, treffe ich zufällig auf Atte und die anderen. „Von da ganz oben hat man eine fantastische Aussicht, geh da mal hoch!", wird mir geraten und weitergeworfen. Auf dem höchsten Punkt angekommen erstreckt sich eine majestätische Seenlandschaft vor mir, eingerahmt von Wäldern und mit vereinzelten Wolken am Himmel, die nun fast greifbar erscheinen. Ich stehe da und staune. Hier könnte ich noch lange meinen Gedanken nachhängen. Könnte. *„Pois tieltä!"*, schreit jemand, ich soll aus dem Weg gehen.

Abends stellt sich heraus, dass auch dieses *juhannus* doch nicht gänzlich ohne Verluste vorüberging. Eine 62-jährige Frau wurde an einem Seeufer tot aufgefunden, nach Polizeiangaben vermutlich beim Schwimmen oder Waschen ertrunken. Nur eine Ertrunkene am ganzen Mittsommerwochenende, das ist aller Voraussicht nach jedoch ein neuer Rekord.

Heinäkuu

Von einem Bienenstock mit Baustellen und dem Stillstand der Zeit

„*Lämpö palaa vihdoinkin! Pian +26!*", schreit mir die *Ilta-Sanomat* entgegen, als ich für unser morgiges Essen einkaufe. Bei so vielen Ausrufezeichen fällt mir der Sack Kartoffeln an der Kasse fast aus der Hand. Die Wärme, die uns Ende Mai verlassen hatte, kommt angeblich zurück und überschreitet bei der Gelegenheit gleich die Hitzegrenze. Vor anderthalb Wochen beklagte man in der gleichen Zeitung den kältesten Mittsommer seit über dreißig Jahren mit gefühlten fünf Ausrufezeichen, aber bald soll man wieder auf der Terrasse einer Bar sitzen und ein kühles Bier trinken, sich am Strand räkeln und ein Eis an einem der seit Mai bereitstehenden mobilen Eisstände kaufen können. Draußen vor dem Supermarkt sitzen bereits einige mehr oder weniger bekannte Gesichter bei einem 24er-Pack Bier und spielen Sommer. Als ich vorsichtig näher komme, in erster Linie deshalb, weil ich einen Brief in den Briefkasten werfen will, der sich direkt neben der Menschengruppe befindet, wirft mir ein Mann mit Pferdeschwanz entschieden zu: „*Meitä ei tartte pelätä, vaikka rumia ollaankin. Kesänjatkoa!* Vor uns braucht man keine Angst zu haben, auch wenn wir hässlich sind. Schönen Sommer noch!" So sind sie, die hässlichen Männer und Frauen von Kaijonharju.

Trotz der zugegebenermaßen zurzeit viel zu niedrigen Temperaturen war ich letzten Sonntag auf einer Wiese auf

Hietasaari und habe nach den letzten Wildkräutern des Sommers gesucht. Seit ich in Finnland lebe, hat sich bei mir ein deutliches Interesse für selbst sammelbare, essbare Naturschätze entwickelt. Und das nicht ohne Grund. Durch das Jedermannsrecht ist es hier mit einigen Einschränkungen jedem gestattet, die Natur zu genießen und zu nutzen, unabhängig vom Besitzer des Landes. Man darf also zum Beispiel Beeren, Pilze und nicht unter Schutz stehende Pflanzen sammeln sowie übernachten, ohne sich fragen zu müssen, auf wessen Grund und Boden man dies tut, solange man weit genug von möglichen Häusern entfernt ist. Dass man dabei keinen Schaden hinterlassen darf, sollte sich von selbst verstehen. Eines frühen Herbstes habe ich angefangen, *mustikoita*, Blaubeeren, zu sammeln. Dazu kamen im nächsten Jahr die *puolukoita*, Preiselbeeren, von denen die Wälder aber so überquollen, dass ich daraufhin meine Oma anrufen und mich erkundigen musste, wie man aus all diesen Beeren Marmelade kocht. Seitdem wartet meine Verwandtschaft jedes Jahr auf neue Marmelade aus Finnland.

Schließlich lernte ich Annikka kennen. Annikka ist ausgebildete Expertin für Naturprodukte und leitet im Frühsommer Kurse für das Sammeln von Wildkräutern, im Herbst gibt sie Pilzkurse. Pilze aus dem Wald haben in meinen Ohren bisher immer nach Lebensgefahr geklungen, aber bei den Wildkräutern gibt es zum Glück vergleichsweise wenig Verwechselungsgefahr, wie ich bald herausfand. Jedenfalls war ich von Annikkas Vorträgen über die Nutzung von finnischen Wildpflanzen und den anschließenden Ausflügen in die nähere Umgebung so begeistert, dass ich letztes Jahr endlich selbst angefangen habe, mit den wilden Grünen zu experimentieren. Der Alleskönner, das stellte sich schnell heraus, ist *nokkonen*, die Brennnessel. Immer wieder erzählt Annikka die Anekdote, wie sie vor einiger Zeit an Eisenmangel litt. „Der Arzt verschrieb mir Medikamente, die ich später zur Probe wieder absetzen sollte. Bei der nächsten Blutuntersuchung wunderte sich der Arzt, wie die Eisenwerte nun plötzlich ganz ohne Medikamente absolut einwandfrei sein könnten. Da fragte ich ihn, ob das eventuell daran liegen könnte, dass ich im Frühsommer so viel Brennnessel esse. So war es dann anscheinend auch." Außer Eisen enthält die Brennnessel andere wichtige Nährstoffe wie Kalzium und Vitamin C in weitaus größeren Mengen als zum Beispiel Spinat. Für mich war das ein Aha-Erlebnis. Sofort war mir der Gedankengang von Annika klar: Wir haben also Essen zur freien Verfügung, das weitaus gesünder ist als die im Supermarkt erhältlichen, auf größtmöglichen Ertrag und weniger auf Inhaltsstoffe gezüchteten Pflanzen, warum nutzen wir das nicht? Kopfüber stürzte ich mich in die Welt von *poimulehti* (Frauenmantel), *piharatamo* (Breitwegerich), *apila* (Klee), *mesiangervo* (Mädesüß) und *siankärsämö* (Gemeine Schafgarbe). Kochte statt Spinat also Brennnesseln, versuchte mich an eigenen Kräuterteemischungen und Kräuterbutter. Durch Annikka hatte sich mir die Welt der Pflanzen ein wenig weiter geöffnet, sogar bis zu dem Punkt, an dem man *hies-* und *rauduskoivu* unterscheiden kann. Für mich waren das jahrelang alles Birken. Dabei kennt jedes finnische Kind den Unterschied zwischen den beiden Birkenarten und weiß noch dazu, welche sich besser für die Herstellung von *vihta* oder *vasta*, dem Birkenquast für die Sauna, eignet. Wichtiges Wissen also, ohne das man in Finnland eigentlich nicht bis ans Ende seiner Tage leben kann.

Die Wiese auf Hietasaari ist hoch geworden. Bevor ich den leicht ausgetretenen Weg finde, den vor mir schon andere benutzt haben, komme ich kaum vorwärts und verschwinde mit meinen 1,52 Metern vermutlich vollkommen in dem Meer aus Pflanzen. Ich finde *mesiangervo* kurz vor der Blüte, riesige *poimulehti*-Exemplare, leider auch *nokkonen* ohne ihm vorher ausweichen zu können, der Löwenzahn ist schon verblüht. Die Hochsaison der Wildkräuter ist jetzt, Anfang Juli, bereits vorbei. Dennoch pflücke ich einige Blätter *mesiangervo*, reibe sie zwischen meinen Fingern und freue mich über den angenehmen Wassermelonen-Geruch, der davon ausgeht. An dem Geschmack derselben Pflanze scheiden sich meine Geister. *Mesiangervo*-Tee ist interessant, man könnte auch sagen gewöhnungsbedürftig. Auf jeden Fall bin ich mir immer noch nicht sicher, ob ich ihn mag oder nicht. Allzu viel bekomme ich heute auch gar nicht zusammen, denn auf vielen Verzweigungen des Stängels findet sich Spucke. Was aussieht, als hätte sich eine Gruppe Teenager ausgetobt, ist natürlich nicht so, kann so gar nicht sein. So viel Spucke können nicht mal Halbwüchsige produzieren. Die Schuldige ist eine Insektenart, die im Larvenstadium in solchen Schaumbällen lebt. Fast jedes Blatt, das ich als noch für den Verzehr geeignet erachte, ist mit der Insektenspucke verziert. Gerade so, als wenn die Larven das Ende der Wildkräutersaison einläuten wollten.

Ein Bienenstock. Das denke ich, als ich auf den Marktplatz einbiege und ein Oulu sehe, in dem eine gefühlte halbe Million Menschen lebt. Menschen nebeneinander, hintereinander, in Gruppen – sogar in der Luft, denn zwischen Hauptbibliothek und Stadttheater steht nun ein Bungeesprung-Kran. Zwischen all den zu Fuß gehenden Menschen schieben sich Fahrräder in rauen Mengen hindurch. Überall wimmelt, kribbelt und krabbelt es. Je näher man an den

Marktplatz kommt, desto lauter wird es. Auf der Terrasse einer Bar spielt eine Liveband Deep Purple, belauscht von Dutzenden Ohren, die mit einem oder vielfach mehreren *pussikalja* am Rande des Flusses sitzen. Die Zeiten, in denen die einzige günstige Alternative dazu, Bier in einer Kneipe zu Preisen von fünf oder sechs Euro zu trinken war, das Bier heimlich und nicht immer ganz so still und leise zuhause zu trinken, sind vorbei. Die Stadt ist voll von Leuten nahezu jeglichen Alters, die Bierflaschen und Ciderdosen aus Plastiktüten ziehen und sich des Lebens, insbesondere jedoch des Sommers, erfreuen. Sommer, das ist der Ausnahmezustand. Hat man jemanden lange nicht gesehen und trifft sich zum Beispiel im Januar wieder, dann wird man sofort gefragt, wie man den Sommer verbracht hat. Sommer, das ist in Finnland einfach die wichtigste Zeit des Jahres. Ich kämpfe mich mit meinem Fahrrad durch die Menge, komme vorbei an bewachten Biergärten mit Discomusik und Eisenumzäunungen, schreienden Möwen, Schlangen vor Nachtclubs und Baustellen.

Apropos Baustellen. Die Ouluer Innenstadt ist zurzeit keine Augenweide. Große Gerüste ragen gen Himmel, wo immer man hinkommt. Gebäude werden abgerissen, Parks von Baustellenfahrzeugen niedergewalzt und eingenommen, woanders erheben sich neue Betonblöcke. Eigentlich weiß man gar nicht mehr so recht, welchen Weg man nehmen soll, denn neue Absperrungen tauchen fast täglich unerwartet auf, blockieren ganze Straßen und verbreiten Lärm. Durch das komplette Stadtzentrum, vom Marktplatz bis zum Bahnhof, zieht sich zudem *kallioparkki*. *Kallioparkki*, auch als *kivisydän* (Steinherz) bezeichnet, ist ein unterirdisches Parkhaus, das seit einiger Zeit 25 Meter unter die Erde gesprengt wird und nach Fertigstellung Platz für 900 Autos bieten soll. Dazu werden neue Einkaufszentren und ein modernes Reisezentrum gebaut. Das einst so malerische Städtchen verwandelt sich gerade mit Hochdruck in die Hauptstadt von Nordskandinavien. So zumindest stellt es sich die Stadt Oulu vor, und bewirbt „The Capital of Northern Scandinavia" auf seinen Bussen und am Flughafen. Man hat es sich zum Ziel gesetzt, internationale Besucher auch außerhalb der alljährlichen Luftgitarren-Weltmeisterschaft anzulocken und zum Einkaufen zu verleiten. Der Ouluer Flughafen wurde bereits vor einigen Jahren ausgebaut und stellt nun anstatt vier Gates Flugsteige mit Nummern in zweistelliger Höhe zur Verfügung. Zudem gelangt man nun meistens durch einen Tunnel in das Flughafengebäude, für die Gepäckausgabe gibt es statt einem inzwischen zwei Beförderungsbänder. Der gemütliche kleine, wie manche auch sagten „schnuckelige" Flughafen wurde nach und nach abgelöst von der sterilen Flughafenatmosphäre, durch die man oft kaum unterscheiden kann, wo auf der Welt man sich überhaupt gerade befindet, bevor man den Komplex verlässt. Eines jedoch ist anders in Oulu. Große Hektik und undurchdringbare Menschenansammlungen, wie man sie auf den meisten Flughäfen antrifft, haben sich trotz des Ausbaus nicht eingestellt. Fliegt man heute von Gate 12 aus, heißt das schließlich nicht, dass die anderen elf Flugsteige auch in Benutzung wären. Man hat sie eben einfach schon mal zur Verfügung, sollte der Flugverkehr irgendwann zunehmen. Momentan fliegt man direkt in erster Linie in die Hauptstadt Helsinki, entweder, um in ein anderes Flugzeug umzusteigen, oder, um sich die sieben Stunden Zugfahrt dahin zu sparen. Gerade Besucher aus Helsinki, wo ja bekanntlich die Lebenskosten weitaus höher liegen, reagieren allerdings geschockt auf die Ouluer Buspreise. „6,60! Ich glaube, die haben sie nicht alle!", prustete eine Bekannte von mir, die schon lange in der Hauptstadt wohnt, als sie mich einmal besuchte und abends mit dem Bus fuhr. Auch ich selbst war bei meiner ersten Reise nach Oulu erstaunt zu lernen, dass sich ab 23 Uhr der ohnehin recht hohe Preis für eine Fahrkarte verdoppelt. Dass das Bussystem schon lange der Dauerbrenner unter den Diskussionen und Oulu längst zur Fahrradhauptstadt des Landes geworden ist, verwundert angesichts dessen wenig. Bei der hohen Fahrraddichte spielt natürlich auch die Ausbreitung der Stadt eine Rolle. Obwohl Oulu mit an die 130 000 (nach der kürzlichen Zusammenlegung mit den umliegenden Gemeinden zu einem „Groß-Oulu" sogar 196 000) Einwohnern zu den größten Städten in Finnland gehört, fühlt sich das Leben hier weitaus weniger hektisch an als in Städten vergleichbarer Größe. Das liegt vor allem daran, dass das Stadtzentrum klein ist, die Stadt aber noch über ein weitläufiges Gebiet ausufert. Dadurch werden viele Busverbindungen nur unzureichend bedient, und die Bewohner steigen aufs Fahrrad oder haben sich bereits ein Auto zugelegt.

Aber demnächst soll ja auch nicht mehr mit dem Bus gefahren, sondern der *kallioparkki* gefüllt werden. Die unterirdische Parkhalle ist in Oulu vor allem umstritten. Die einen können es kaum erwarten, ab Herbst 2015 endlich dort zu parken, und begrüßen es, dass die Autos von der Stadt unter die Erde verschwinden. Die anderen stehen dem viele Millionen teuren Projekt misstrauisch bis ablehnend gegenüber. Rechtfertigt der Nutzen wirklich den Aufwand und die Kosten? Haben wir in Oulu nicht dringendere Probleme, in die das ganze Geld besser investiert wäre? Und: Wer wird überhaupt in dem neuen Parkhaus parken? Das sind einige der Fragen, die man sich bereits seit Jahren immer wieder stellt. Akute Parkplatznot scheint es in der Tat nicht zu geben in der Innenstadt, in der Parkhäuser praktisch immer freie Plätze aufweisen. Wen also erwarten die Entscheidungsträger? Werden es die Deutschen sein, die mit ihren Wohnmobilen nach Lappland einfallen, dort bemerken, dass es in den Fjäll-Gebieten nur wenig Shoppingmöglichkeiten gibt, und dann mehrere Wochen im Ouluer Einkaufsparadies verbringen? Oder die Norweger, die mit den *„billig finsk priser"* nach Finnland gelockt werden, um hier günstig einzukaufen? Wird Oulu dadurch so etwas wie ein Tallinn für Norweger werden? Wer auch immer in der neuen Tiefgarage sein Auto abstellen wird, wenn es soweit ist, auch ich frage mich manchmal, ob die Schuhe für Oulu nicht vielleicht doch ein bisschen zu groß sind. Neben all den bereits aufgeführten Fragen, die angesichts der augenfälligen Sparmaßnahmen, mit denen die Stadt seit einiger Zeit öffentliche Dienstleistungen immer weiter herunterfährt, durchaus relevant und berechtigt erscheinen, ist da zudem auch einfach die Atmosphäre. Der einstige Charme des Ortes, dem ich damals erlegen war, scheint Bauprojekt um Bauprojekt immer weiter zu verfliegen, was der Einzug einer weiteren Reihe der immer gleichen Geschäftsketten wohl kaum wettzumachen vermag.

Trotz dieser unübersehbaren Bestrebungen, Oulu auf die Weltkarte zu befördern, sind manche Ecken der Stadt immer noch unverkennbar. Wie ein Fels in der Brandung steht der Polizist mit seinem dicken Bauch und der Schirmmütze neben der Markthalle und scheint unbeeindruckt, wenn auch nicht unbedingt angetan, von den stampfenden Disko-Rhythmen auf dem Marktplatz. Stoisch erträgt der *toripolliisi* das musikalische Gestampfe im Sommer, die Kälte im Winter, die Sturzbäche im Frühling, und lässt sich das ganze Jahr über zusammen mit Touristen fotografieren. Obwohl die Bronze-Statue erst seit 1987 über den Marktplatz wacht, ist sie ein, vielleicht *das* Wahrzeichen von Oulu. Jedes Mal, wenn ich dazu aufgefordert werde, jemandem Oulu zu zeigen, dann führe ich meine Besucher hier hin. Meistens verstehen sie nicht, was ich ihnen damit sagen will. Die Holzhäuschen, die die Uferpromenade säumen, mögen als netter Blickfang ja noch angehen, aber ein fetter Polizist? Dabei mag ich einfach die Ruhe, mit der der Marktpolizist jahraus jahrein allen Widrigkeiten trotzt. Als mir dagegen der Lärm zu viel wird und ich mich nach dem Treffen mit einer Freundin kurz vor Mitternacht auf den Nachhauseweg mache, vorbei an rostenden Fahrradskeletten, die sich unter Brücken im Wasser festgeschwommen haben, fahre ich dem Sonnenuntergang entgegen.

Den Sonnenuntergang sehe ich auch, als ich mal wieder an Attes Schreibtisch sitze, meine Gedanken wandern lasse und dabei zusehe, wie die Sonne als feuerroter Ball hinter den Bäumen verschwindet. Gerade im Sommer ist der Ausblick aus dem Nordfenster unserer Wohnung jeden Abend aufs Neue überwältigend, egal, wie oft man es schon gesehen hat. Aus dem achten Stock blicken wir auf den Kuivasjärvi und die umliegenden Waldgebiete, können sehen, wie viele Menschen gerade an dem kleinen Strand liegen und im Wasser schwimmen und abends die Flugmanöver der über den See jagenden Vögel beobachten. Kein Abend ist wie der andere, jede Nacht ergeben sich andere Wolkenformationen, die das Glühen der Sonne in Rot- und Orangetönen reflektieren und bunte Gemälde auf den Himmel zaubern. Manchmal sitze ich dort so lange, bis die Sonne ein Stück weiter rechts wieder auftaucht und ein neuer Tag beginnt.

Ende Juni dauert das nur eine Stunde, jetzt schon wieder etwas länger, aber trotzdem ist es immer noch zu jeglicher Tages- und Nachtzeit hell genug, um draußen lesen zu können.

Durch die ständige Helligkeit kommt es mir manchmal vor, als scheine die Zeit still zu stehen. Eigentlich immer, wenn ich nachts mal eine Runde um den Kuivasjärvi mache, sitzen Angler auf der Brücke und angeln in aller Seelenruhe, um drei Uhr nachts genauso wie um drei Uhr nachmittags. Ich genieße es jeden Sommer unheimlich, wenn die Zeit keinen so großen Stellenwert mehr hat, Tag und Nacht nicht klar voneinander abgegrenzt sind. In den Nachtstunden, in denen es genauso gut Tag sein könnte, ist es jedoch bedeutend ruhiger. Die Landschaft erscheint in einem ganz anderen, friedlicheren Licht. Ganz so, als wäre der Film auf stumm geschaltet worden.

Dass ich im Sommer tendenziell nachtaktiv werde, hat aber auch noch einen anderen Grund. Ich kann nicht schlafen. Trotz der Jalousien zwischen dem doppelten Fensterglas, trotz der dunklen Vorhänge davor wird es in meinem gen Osten gerichteten Zimmer noch mitten in der Nacht bei direkter Sonneneinstrahlung viel zu hell. Schwere Rollläden, die jeden Raum stockdunkel machen, habe ich noch in keinem finnischen Haus gesehen, vielleicht, weil man das Licht nicht aussperren will, wenn es schon mal da ist. Dazu kommt, dass es sich einfach nicht richtig anfühlt, vor Sonnenuntergang ins Bett zu gehen. Die Sonne steht doch noch am Himmel, der Tag ist in vollem Gange, so spät kann es eigentlich noch nicht sein. Sagt meine nach außen gerichtete innere Uhr. Kurze Zeit später sagt sie: Meine Güte, jetzt bist du die ganze Nacht aufgeblieben, die Sonne geht schon auf! Man kann es ihr manchmal nicht recht machen, der Uhr.

Heute ist Sommer. Sommer ist nicht jeden Tag. Eigentlich habe ich manchmal Angst, dass er am nächsten Tag schon vorbei ist. Man zieht sich sommerlich-luftig an und ruft den Aufzug vom Erdgeschoss nach oben in den achten Stock. Die Tür öffnet sich. Man steigt ein und drückt den Knopf mit dem Buchstaben P. P steht für *pohjakerros*, Erdgeschoss. Eigentlich ist das ungewöhnlich. In Finnland gibt es normalerweise keine Erdgeschosse, sondern nur erste Etagen. Warum man gerade in unserem Haus ein Erdgeschoss eingerichtet und mit der Nummerierung nicht sofort bei dem ebenerdigen Stock angefangen hat, das habe ich mich schon oft gefragt. Vielleicht liegt es daran, dass auf diesem niedrigsten Stockwerk keine Wohnungen liegen. Oder daran, dass die Baugenehmigung für ein neunstöckiges Haus damals nicht vorlag, acht Stockwerke aber noch in das Reich der erlaubten Möglichkeiten fiel. Oder das P steht für *„paina!"*. Denn dass man den Knopf drücken muss, um nach unten zu gelangen, das kann man in seiner Schusseligkeit schon mal vergessen. Denkt man aber doch daran, dann dauert es nicht lange, die Türen schließen sich, und der Aufzug setzt sich in Bewegung. Man dreht sich zur Seite und überprüft den richtigen Sitz der heute ausgewählten Kleidung. Häufige Gelegenheit zum Tragen der Sommerkollektion bestand in den vergangenen zehn Monaten nicht, die leichte Kleidung fühlt sich ungewöhnlich am Körper an. Der Aufzug brummt. Inzwischen ist er am siebten Stock vorbei, auf dem Weg in den sechsten. Jemand hat den Spiegel verschmiert. Fettige Fingerabdrücke säumen die linke Seite, in der unteren rechten Ecke zeigen sich Lippenstiftspuren. Plötzlich rappelt es, die gerade noch so glatte Fahrt wird zur Schaukelei. Auf den kurzen Schrecken folgt der Blick auf die Anzeige. Sechster Stock, hier ergeben sich regelmäßig Unregelmäßigkeiten. Der Aufzug surrt, schluckt ein weiteres Stockwerk. Im grellen Licht des Fahrstuhls schimmern graue Haare, als wären sie neonbeleuchtet. Wie Würmer winden sie sich in der Menge ihrer braunen Artgenossen. Seufzend dreht man dem Spiegel den Rücken zu, spinkst stattdessen zwischen den Türen hindurch auf den langsamen Wechsel zwischen Etagenböden, Betonwänden und Treppenhaus, beobachtet, wie der Aufzug von einer Etage zur nächsten kriecht. Wie in Hypnose starrt man bald auf die glänzenden Türen, die Böden werden zu Strichen, die Wände zu dunklem Nichts, das Summen immer untrennbarer verbunden mit dem Wurmkopf. Die digitale Anzeige, auf der sich gerade noch Nummern befanden, sprudelt bedeutungslose Linien hervor. Geschmeidig schwebt man in der grellen Kapsel durch Raum und Zeit, immer weiter, immer höher, immer tiefer. Urplötzlich Stille. Die sanfte Bewegung, die sich der Wahrnehmung scheinbar vollständig entzogen hatte, ist mit einem Mal Bewegungslosigkeit gewichen. Der dünne Spalt hat die Lage gewechselt, pendelt sich schließlich am Boden wieder ein. Der Blick auf die Anzeige. P. Man nimmt also den Aufzug mit dem weniger rasanten Fahrtempo ins Erdgeschoss, steigt nach kurzer Verblüffung über das jedes Mal doch so plötzlich kommende Ende der Reise aus, ist gerade über die Türschwelle – und muss feststellen, dass es eben in dem Moment wieder Herbst geworden ist. Nächstes Jahr, da lauert man aber bereits im Mai an der Tür, so viel ist sicher.

Nun ist es so, dass sich der Sommer allen Befürchtungen zum Trotz gehalten hat. Bereits seit einer Woche ist es bullenheiß, an manchen Tagen bis zu 30 Grad. Regen gab es, von einem kurzen Schauer abgesehen, die ganze Woche nicht. Deshalb fahre ich jetzt jeden Tag mit dem Fahrrad nach Kuivasjärvi, um mein Gemüsebeet zu gießen. Erst letztes

Jahr hatte ich von der Möglichkeit gehört, sich bei der Stadt ein Hektar großes Stück Land mieten zu können, um darauf als Stadtbewohner selbst anzubauen. Sofort hatte ich zugegriffen. Angeblich kursiert in meiner Familie ein dominantes Bauerngen, was dazu führt, dass sich viele meiner Verwandten nur mit den Händen in der Erde wohl fühlen, obwohl niemand von ihnen auf dem Land wohnt. Ich könnte mir ein Landleben durchaus vorstellen, aber momentan übe ich mich zunächst im zweiten Jahr an meiner *viljelypalsta*, dem gemieteten Gemüsebeet.

Meine *viljelypalsta* mit der Nummer 8 liegt am Rande des Gebietes ungefähr auf halbem Wege zwischen Anfahrtsstraße und Wassergraben. Das ist recht günstig, denn an der Straße liegen der Komposthaufen und die Gartengeräte für den allgemeinen Gebrauch, wie Harken, Spaten, Eimer und Gießkannen. Gestern habe ich noch in der prallen Sonne im Dreck herumgewühlt und Unkraut gejätet, heute reicht Gießen. Das eine Mal, als ich auf dem Feld wegen der niedrigeren Temperaturen abends gearbeitet habe, war auch das letzte Mal. Schon nach kurzer Zeit umschwirrte mich ein dichter Mückenschwarm, dem auch mit *Off*, dem Mückenabwehrmittel, nicht beizukommen war. Manchmal glaube ich, dass das daran liegt, dass Mücken nicht lesen können und einfach nicht wissen, dass es sie abwehren soll. Egal, wie viel ich mir von dem Spray auf den Armen, Beinen und im Gesicht verteilte, die Mücken verwandelten meinen Körper unbeeindruckt in eine Masse voller roter, juckender Beulen. In der Mittagshitze scheinen die Mücken Siesta zu halten und lassen mich bis auf ein paar Ausnahmen in Ruhe. Zu den Ausnahmen gehört *paarma*, die Bremse. Auch diesmal umschwirrt mich dieses auf den ersten Blick wie eine gewöhnliche Fliege aussehende Biest, als wäre ich eine Glühbirne im Dunkeln. Aus schmerzhafter Erfahrung weiß ich, dass diese Aufdringlichkeit nicht nur nervig ist. Eine *paarma* muss man wegjagen, bevor sie das mit einem tut. Vor ein paar Tagen, ich grub mal wieder sogenanntes Unkraut samt der Wurzeln aus, hörte ich einen markerschütternden Schrei von der anderen Seite des Anbaugebietes. Als ich hochsah, lief eine Frau mit rasender Geschwindigkeit von ihrer *viljelypalsta* ungefähr hundertfünfzig Meter über die anderen Felder, die Wiese, am Komposthaufen vorbei und blieb sichtlich erschrocken eine halbe Minute neben ihrem Auto stehen, bevor sie sich wieder zu ihrem Beet begab. Solche Reaktionen habe ich bisher nur bei *paarma*-Bissen erlebt. *Paarmas* schneiden mit ihren Mundwerkzeugen zuerst ein kleines Stück Haut aus ihrem Opfer und saugen dann von dort das Blut. Um das zu vermeiden, wedele ich mit den Händen um mich, während ich in Gummistiefeln zum Graben laufe und Wasser hole. Noch vor einer Woche versank ich hier fast bis zum Knie, jetzt reicht mir das Wasser gerade mal bis über den Knöchel. Mit der vollen Gießkanne schleppe ich mich aus dem Graben und bewässere mein Beet, die gerade aus der Erde gekommenen Möhrenstrünke, den Salat, die fast fertigen Radieschen, die Zwiebeln, die noch winzigen Erbsenpflanzen, Ringelblumen und ungarischen Sonnenblumen, von denen ich hoffe, dass ihnen der finnische Sommer nicht zu kurz gerät. Die an mein Beet angrenzenden Felder sind bereits überwuchert, anscheinend hat sie dieses Jahr niemand gemietet. Trotzdem bin ich nicht alleine. Auf der *viljelypalsta* Nummer 10, zwei neben meiner, sitzt sie wieder auf ihrem Campingstuhl, raucht selbstgedrehte Zigaretten und begutachtet ihre Arbeit. „*Hikinen homma, tämä.*" Eine schweißtreibende Angelegenheit. Mehr sagt sie oft nicht. Durch unsere zahlreichen Treffen weiß ich, dass sie bis jetzt ihren eigenen kleinen Garten hatte, sich aber nun von der Stadt ein Gemüsebeet gemietet hat. Das erste Mal, als ich meiner Fast-Nachbarin begegnete, war sie vollkommen erschöpft. Da hatte sie den ganzen Tag hier gearbeitet, wurde aber einfach nicht fertig. Nach zwei Stunden gemeinsamen Aufenthalts auf dem Feld stand sie auf und verkündete, mit der Harke in der Hand herumfuchtelnd, dass es jetzt genug sei und dass hoffentlich was draus werden würde. Das hoffe ich auch, für uns beide.

Mein Puls rast, das Herz schlägt mir bis zum Hals. Ich renne, renne immer weiter auf dem asphaltierten Weg, auf den ich vor einem halben Kilometer eingebogen bin. Unzählige Blicke habe ich schon hinter mich geworfen, nur um festzustellen, dass die Situation immer noch die gleiche ist. Ich werde verfolgt. Lange dauert es nicht mehr, und ich muss stehen bleiben. Die Sonne knallt erbarmungslos vom Himmel, mein T-Shirt ist bereits durchgeschwitzt. Ich war mir fast sicher, meine Verfolger würden aufgeben, wenn ich mich wieder auf eine offene Straße begäbe, inmitten der Öffentlichkeit. Entgegen meiner Hoffnung wurden sie aufdringlicher. Bedrängten mich, bis ich schließlich in der Flucht die einzige Möglichkeit sah, aus der Sache noch einmal unbeschadet herauszukommen und meine Verfolger abhängen zu können. Nun aber muss ich halten und Kraft schöpfen. In dem Moment, in dem ich auf der Straße nach Luft ringe und ein weiteres Mal nach hinten sehe, kommen sie in vollem Tempo an. Eine Sekunde verliere ich sie aus den Augen, bis ich plötzlich einen Schlag gegen das linke Auge bekomme, direkt unter meiner Brille hindurch. Ich taumele, finde endlich meine Orientierung wieder und stelle fest, dass sie immer noch wie wild um mich herumfliegen und versuchen, einen Halteplatz an meinem Körper zu finden, der sich jedoch ständig bewegt, um ihnen einen solchen nicht zu bieten.

Bei meiner Flucht vor dem *paarma*-Duo ist mir klar geworden, dass dieser Sommer ein wahres Traumjahr für die finnischen Bremsen ist. Bisher hatte ich wegen ihrer großen Anzahl immer die Mücken für die nervigsten sommerlichen Begleiter gehalten, stelle jetzt aber die Gleichung 20 Mücken = 2 *paarmas* auf der Belästigungsskala. Diesen Sommer können die Mücken fast einpacken, die *paarmas* stehlen ihnen die Show.

Als ich völlig außer Atem im *mökki* ankomme, bin ich meine fliegenden Verfolger los. Dafür warten in der Hütte einige ihrer Artgenossen darauf, mit der Fliegenklatsche erschlagen zu werden. Was ich nicht gerne tue, aber leider sind *paarmas* erbarmungslos, wenn man es selber nicht ist. Zumindest verbringen Atte und ich einen etwas ruhigeren Abend auf der vor Oulu gelagerten Insel Hailuoto, ohne Strom und fließendes Wasser oder menschliche Nachbarn, aber einer warmen Sauna und über dem Feuer gegrillter – natürlich – *makkara*. *„Tervetuloa kuoleman saunaan!"* – Willkommen in der Sauna des Todes", feixt Atte mit tiefer Stimme, als ich nach einer Pause auf der Terrasse wieder in die noch wärmere Wärme zurückkomme, und philosophiert darüber, dass in früheren Zeiten gerade Gestorbene kurzzeitig in der Sauna aufbewahrt wurden. Bei der alltäglichen Rolle, die die Sauna in Finnland seit jeher innehat, möchte ich in dem Moment gar nicht an diejenigen Erzählungen denken, die mir vom Saunieren in Deutschlands Schwimmbädern oder auch deutschen Privatsaunas immer wieder zugetragen werden. Hier gibt es keine Saunameister oder Schwimmbadpersonal, dem allein es gestattet ist, zu bestimmten Zeiten Wasser auf die Steine zu werfen. Hier sieht niemand auf die Uhr, um die ideale Schwitzzeit einzuhalten oder die richtige Minute für den nächsten Aufguss zu bestimmen. Das alles sind Konzepte, die ein Finne nie im Leben verstehen würde. In der finnischen Sauna entspannt man sich, saunt so lange und mit so viel Dampf, wie man will, und wenn es genug ist, dann geht man raus. Zwar wird in Finnland in vielen Bereichen mit Begeisterung alles von außen reglementiert, besonders dann, wenn es um Alkohol geht, aber die Sauna ist davon zum Glück vollkommen ausgenommen. Ein Entspannen nach Uhr wäre da undenkbar.

Sozusagen im letzten Moment hatten wir noch daran gedacht und auch die *mölkky*-Klötzchen mitgenommen. Die bauen wir spät am Abend nach der Sauna noch auf, alle von 1 bis 12, oder versuchen es zumindest, denn es ist nicht einfach, sie auf dem Gras vor dem *mökki* zum Stehenbleiben zu bringen. Immer wieder fallen sie um, auch wenn wir sie noch so sehr in die Erde drücken. Als endlich alle zwölf stehen, fange ich an. Mein erster Wurf geht grandios daneben. Das Holz prallt wie ein Gummiball auf der Erde auf und hüpft fröhlich an den Klötzchen vorbei in die Preiselbeersträucher, wo es schließlich regungslos liegen bleibt. Wenigstens, so positiv gepolt fühle ich mich heute, müssen wir die Dinger nicht schon wieder aufstellen. Atte schlägt um sich. Nicht wegen der Hölzchen, sondern wegen der Mücken, die sich hier in unmittelbarer Nähe des Waldes seit Beginn unseres Spiels zahlreich eingefunden haben. Die blutsaugenden Quälgeister schwirren nur so um seinen Kopf herum, um seine Beine und Arme und besetzen seinen Rücken. Schließlich fliegt eine in sein Auge. Es hilft nichts. Er muss sich bewegen, um wenigstens einem Teil der Mücken zu entgehen. Werfen, zum Ort des Geschehens laufen, die Klötze aufstellen, zurück zur Linie, immer in Bewegung bleiben. Bei *mölkky*, oder *mölökky*, wenn man die Ouluer fragt, geht es darum, als Erster genau 50 Punkte zu erreichen. Fällt durch den Wurf mehr als ein Hölzchen um, wird die Anzahl der umgefallenen Klötzchen notiert, trifft er nur ein einziges, bekommt man die entsprechende Punktzahl gutgeschrieben, die sich als Nummer auf dem Klotz befindet. Bei Überschreitung der 50 Punkte fällt man auf 25 Punkte zurück, bei drei Fehlwürfen nacheinander ist man aus dem Spiel. Letzteres gelingt mir auch heute mal wieder, denn irgendwie rutscht das Wurfholz mit Vorliebe an seinem Ziel vorbei. Wir einigen uns darauf, es bei der einen Runde zu belassen und stattdessen drinnen Pfannkuchen zu machen. Mit blutenden Beinen und verbeulten Händen sammeln wir die Klötzchen ein.

Elokuu

*Von gleitenden Hexen, Sensenmännern
und tropischen Nächten*

Gleitend bewegt sie sich von der einen Gardine zur anderen. Meist die Arme hinter dem bebrillten Kopf verschränkt, überheblich bis gelangweilt, manchmal auch mit einer Kaffeetasse in der Hand, schaukelt sie lässig am Fenster vorbei, verschwindet auf der einen Seite, um Momente später wieder auf der anderen aufzutauchen. Dabei beobachtet sie. Alles, was auf dem Grill- und Spielplatz zwischen den mehrstöckigen Häuserkomplexen jeden Tag passiert. Wer aus den Häusern kommt, wohin er geht, wann er zurückkommt. Jedes Mal, wenn ich aus der Türschwelle trete, sieht sie auch mich. Und ich, ich gucke zurück. Während ich mein Fahrrad hole, um damit zum Supermarkt zu fahren, hält sie die Stellung, schaut, dreht sich dann mit in die Richtung, in die ich davonradle. Als wir noch im Knoblauchhaus wohnten, konnten wir uns über das Leben der Hexe, wie wir die schätzungsweise fünfzigjährige Frau im Fenster getauft haben, nur wundern. Von unserem Küchenfenster aus sahen wir sie beinahe jedes Mal beim Essen, wie sie dahinglitt, die Geschehnisse von Kaijonharju unter Beobachtung. Wir stellten uns vor, wie sie alles pedantisch aufschreibt, mit genauen Uhrzeiten, Buch führt über diesen Teil von Oulu und seine Bewohner. Dann kamen uns Zweifel. Kann ein Mensch tatsächlich so neugierig und an dem Leben anderer Leute so interessiert sein, dass er dafür sein komplettes eigenes Leben aufgibt? In der Tat habe ich die Hexe noch nie außerhalb des Fensters gesehen. Vielleicht würde ich sie auch ohne das Fenster und die Gardine, draußen in der Welt, gar nicht erkennen. Auf der anderen Seite, so fiel es uns eines Tages ein, könnte es etwa sein, dass diese Frau in der Wohnung gefangen gehalten wird? Dass ihre einzige Möglichkeit, mit der Außenwelt in Kontakt zu kommen, das Fenster ist? Wir wissen es nicht. Werden es wahrscheinlich auch nie herausfinden. Trotz der Unheimlichkeit, die das ungelöste Geheimnis der gleitenden Frau im Fenster stetig ausströmt, liegt darin für mich auch eine beruhigende Komponente. Immer, wenn ich das Haus verlasse oder von irgendwoher zurückkomme, sehe ich zu dem Fenster im zweiten Stock hinauf. In dem Moment, in dem ich die Hexe sehe, ihren gleichmäßig schwebenden Gang wahrnehme, weiß ich, dass ich zuhause bin, schließlich ist ja alles wie immer.

Als ich heute nach meinem Einkauf die Tragetasche im Korb verstaue und mein Fahrrad aufschließe, höre ich neben mir eine wohlbekannte Stimme. „JASmina!" Auch mein früherer Nachbar aus dem Knoblauchhaus hat wie eigentlich jeder Finne die Angewohnheit, meinen Namen auf der ersten Silbe zu betonen anstatt wie meine Eltern auf der zweiten. Das liegt vor allem daran, dass im Finnischen generell jedes Wort eine Betonung der Anfangssilbe aufweist. Noch immer kann ich meinen früheren Finnischlehrer Mikko mit dem Fuß aufstampfen sehen, während er uns erklärt, dass es *PREsidentti* heißt und nicht *presiDENTti*. Ich selbst stelle mich inzwischen ebenfalls als JASmina vor, anders scheint dieses Wort auch nur schwerlich in den Fluss dieser Sprache zu passen.

SPT steht am Eingang des Supermarktes, neben sich eine Plastiktüte voller Bierdosen. Eine davon balanciert er in der Hand. „*Mikä on sun mielestä Sentencedin paras levy? Eiks oo North From Here?*" SPT ist mein Lieblingsnachbar. Eine tragische Figur. Seit er nach einer Erzählung meiner früheren Mitbewohnerin Liisa eines Tages vor unserer Wohnung stand, sein langes blondes Haar schüttelte und verkündete: „*Oon saatanan pitkätukka!*", seitdem hat sich die Abkürzung SPT gehalten. Er selbst lacht jedes Mal über sich selbst, den verdammten Langhaarigen, der sich an diese Anekdote beim besten Willen nicht erinnern kann. „*Kunnon rokkari juo aina!* Ein richtiger Rocker trinkt immer", sagt er dann, und hält sich selbst so gut es geht an diese Lebensweisheit. Dabei ist SPT nicht nur ein richtiger Rocker, sondern so etwas wie das i-Tüpfelchen auf Kaijonharju, immer kontaktfreudig und wissbegierig. Mit seinen häufigen Fragestunden erinnert er mich an die Feststellung, die ich einmal in einem Dialekt-Wörterbuch gelesen habe. Dort hieß es: „Die Ouluer haben schon immer in ihrer schönen Sprache mehr gefragt als geantwortet. Das kommt von ihrem endlosen Wissensdurst." Den hat auch SPT. Besonders, wenn es um Kaijonharju und Umgebung geht, kennt er alles und jeden, und – was vielleicht noch schlimmer ist – jeder kennt ihn. SPT trägt maßgeblich zur Dorfatmosphäre bei, denn alles, was man ihm erzählt, ist bald allgemeinhin bekannt. Interessante Gerüchte vergisst er selten. Normalerweise sind es die Dinge und Fragen, die ihn momentan beschäftigen, die in seinem Programm eine Zeit lang wie auf einer kaputten Schallplatte immer wieder auftauchen. Dabei wird er nicht müde, gerade mich dafür zu lieben, dass ich die Musik seiner Lieblingsband Sentenced mag. Jahrelang konnte es passieren, dass er plötzlich in Bademantel und Stiefeln schwankend vor unserer Tür stand, wir und vermutlich er selbst nicht so genau wussten, was der Grund seines Besuches war, man ihn auch oft nicht so recht verstehen konnte, und er sich im weiteren Verlauf einfach nur glücklich zeigte, dass ich als seine Nachbarin auch so ein großer Fan von Sentenced war. Manchmal fiel ihm dann noch ein, dass er meine Mitbewohnerin nach einer Zigarette fragen wollte, wonach er triumphierend ein „See you in hell!" ins Treppenhaus brüllte und dann, tief gebeugt wie Ozzy Osbourne, am Geländer wieder hinunter in seine Wohnung schlurfte.

Heute befinden sich in seinem Programm die Frage nach dem besten Album von Sentenced sowie die schon traditionelle Sargbox-Frage. „*Onkssulla muuten Sentencedin arkkuboksi?*", erkundigt er sich mit einer gespannten Wichtigkeit, die alle existentiellen Fragen in den Hintergrund stellt. Das Sentenced-CD-Set in Sargform mit allen Alben der Band habe ich mir nie angeschafft. Das weiß auch SPT, denn ich habe es ihm mehrmals erzählt. Trotzdem könnte es ja sein, dass ich meine Meinung inzwischen geändert habe. SPT nimmt einen tiefen Schluck aus der Dose. Dann berichtet er davon, wie er letzte Woche bei Miika Tenkulas Grab in Muhos gewesen sei und den verstorbenen Sentenced-Gitarristen besucht habe. Der Tod eines seiner Helden hatte ihn damals schwer mitgenommen. Als ich schließlich irgendwann trotz des düsteren Themas Anstalten mache, mich zu verabschieden, um meine Einkäufe endlich nach Hause zu bringen, bittet er mich, Grüße an Atte, das Computergenie, das zu Knoblauchhauszeiten mindestens zweimal in der Woche in SPTs Wohnung gerufen wurde, auszurichten. Schon im Gehen begriffen höre ich, wie zum Abschied noch einmal seine Stimme auf mich zufliegt. „*Tulukaa joskus kahaville!*", lädt er uns in seinem schönsten Ouluer Dialekt zum Kaffeekränzchen bei ihm zuhause ein.

Der Ouluer an sich mag keine Konsonantenansammlungen. Er schiebt sicherheitshalber lieber einen Vokal dazwischen. Draußen *(ulkona)* ist in Oulu *ulukona*, das Bein *(jalka)* wird zu *jalaka*, der Kaffee *(kahvi)* verwandelt sich in *kahavi*, und an Cafés liest man dementsprechend mitunter in großen Buchstaben „*kahavila*". SPT, von Grund auf stolzer Ouluaner, findet Oulu zu sprechen „so einfach wie Heumachen". In seinem Mund wird die Halbinsel *(salmi)* ganz schnell zur Dauerwurst. Außer dem Vokalhaufen, an dem er sich mit Vorliebe bedient, ist da noch „*nää*". Überall anders bewegt sich die zweite Person Singular zwischen „*sä*", „*sää*" oder „*sie*", aber in Oulu will man von einem anfänglichen *s* nichts wissen. „*Ookkonää Oulusta?*" oder „*Pelekääkkönää polliisia?*" sind längst etablierte Fragen, um sich in anderen Regionen Finnlands über den Ouluer Dialekt lustig zu machen. Dabei ist der dicke Polizist, das Wahrzeichen des Marktplatzes von Oulu, nun mal ein *toripolliisi*, kein *toripoliisi*. Während Konsonanten unwillkürlich und mit großer Begeisterung verdoppelt werden, lässt man an anderen Stellen dafür gerne schon mal welche weg. Bei all seiner Abneigung gegen das Anfangs-*s* seines Gegenübers findet es so mancher Ouluer vollkommen unnötig, diesen Buchstaben beim Suffix für Orte, an denen man sich befindet (dem sogenannten Inessiv), auch noch zu wiederholen. Er wohnt eben lieber „*Oulusa*" als „*Oulussa*", da kann man nichts machen. Trotz allem Spott, den sich die Leute aus Oulu gefallen lassen müssen, mag ich den Ouluer Dialekt. Er hopst vor sich hin wie einer der Hasen, die im Dunkeln auf einem der vielen Radfahrwege erscheinen, Haken schlagen, um herannahenden Fahrrädern auszuweichen und anschließend davon zu hüpfen. Zugegeben, vielleicht hüpft der Ouluer Hase nicht so anmutig wie seine Artgenossen. Ständige Stolpersteine in Form von plötzlich auftauchenden Vokalen und überraschend langen Konsonanten, an denen sich seine Füße verfangen, gehören zu seinem Alltag. Trotz allem bewältigt er diese Hindernisse am Ende jedoch bravourös und fällt nie wirklich.

"Nyt tulevat trooppiset yöt!", weiß die *Ilta-Sanomat* diesen Monat zu berichten. Nach dem kältesten Mittsommer der Menschheitsgeschichte und den Vorboten von moderater Hitze kommen nun die tropischen Nächte nach Finnland. Man muss schon sagen, dass dieser Sommer, also die letzten vier Wochen, heiß war. Selbst in Oulu wurde bei durchgehenden Temperaturen von 24 bis 30 Grad geschwitzt, bei so gut wie nicht vorhandenem Regen. Daraus folgten über die scheinbar endlose Hitzewelle stöhnende Nachbarn und Birken, die traurig ihre vergilbten Blätter hängen ließen. Die Entstehung eines tropischen Regenwaldes in Finnland scheitert momentan also noch an der Trockenheit, andererseits wartet die Fauna bereits mit den passenden Geschöpfen wie etwa Mücken auf.

Die Mücken umschwirrten mich wie gewohnt auch an diesem Augustabend, an dem die Luft erfüllt war vom sausenden Klang der Sensen und dem Geruch von frischem Heu. Es stand Landschaftspflege auf dem Plan. Etwa fünfzehn Mitglieder des Ausflugs- und Naturklubs von Oulu hatten sich zusammengefunden, um die Wiese auf Hietasaari zu mähen. Wie ich dort erfahre, machen sie das schon seit vielen Jahren, um die Kulturwiese als solche zu erhalten. Von ähnlichen Aktionen hatte ich bereits früher gehört. So kam es auch, dass ich letztes Jahr zum ersten Mal in meinem Leben eine Sense in der Hand hielt. Ich wollte einfach mal ausprobieren, ob das Mähen einer Wiese mit der Sense gefährlicher ist als mit einem Aufsitzrasenmäher, wie ich es von meinen Eltern kannte. Letzteres ist ziemlich gefährlich. Einmal wurde mein Vater von den wütenden Bienen der Nachbarn angegriffen, die die ungewohnten Vibrationen wohl als Bedrohung empfanden. Ein anderes Mal blieb er mit seiner Brille an einem Ast hängen und überfuhr auf der verzweifelten Suche das Sehgerät kurze Zeit später. Von solchen Unfällen zumindest wurde ich bei dem Gebrauch einer Sense verschont. Der letztjährige Nachmittag im August im nahegelegenen Kiiminki hatte bei mir vor allem Bewunderung und Respekt für die älteren Herren hervorgerufen, die mit diesen Mörderwerkzeugen wirklich umgehen konnten und dabei auch nach stundenlanger Arbeit noch nicht einmal außer Atem gerieten, so wie ich. Immerhin hatte ich an diesem Nachmittag gelernt, mir nicht die Füße abzuhacken, und das effiziente Abschneiden des Grases, das kommt sicher auch noch mit etwas Übung.

Trotz der tiefstehenden Sonne kann ich einige bekannte Gesichter entdecken, unter anderem Annikka, die an allen Ecken herumwuselt, wilde Himbeeren pflückt und Frischfutter für ihre Kaninchentruppe sammelt. Später kommt Antje dazu, wie ich eine Deutsche, die so ziemlich ihr gesamtes Erwachsenenleben in Finnland verbracht hat. Als sich alle eingefunden haben, gibt es zunächst eine kleine Einführung in die Sensenkunde. Hannu zeigt, wie das Sensenblatt auf dem Stiel festgeschraubt wird und wie die Position des vorderen Griffes verändert und auf die Körpergröße des Sensenmanns oder der Sensenfrau eingestellt werden kann. Das Blatt nach oben gerichtet, schlägt er schließlich mit atemberaubender Geschwindigkeit mit einem mir viel zu kleinen Stein gegen die Schneide und demonstriert, wie die unterschiedlich groben Wetzsteine zum Schärfen der Schneide zu verwenden sind. Danach gehen alle an die Arman ihn dann auch noch freundlich grüßte. Damit gehörte man noch lange nicht zu Kammonens Begrüßungskreis. Manchmal hing die Finnlandfahne vor dem Haus an Flaggentagen auf Dreiviertelmast. Dann, so stellte ich mir mit meiner damaligen Mitbewohnerin vor, war Kammonens Laune wieder im Keller. Wieder war er es, der mit dem Hund im Regen raus musste. Die Kammonens hatten einen weißen, manchmal mehr gräulichen, kleinen Pudel, der sofort anfing zu bellen und zur Haustür schnellte, sobald jemand klingelte. Ganz ehrlich musste ich zugeben, dass mir so ein Leben mit so einem Hund auch nicht gefallen hätte. Da hatte der alte Kammonen schon ganz recht. Als er mich an diesem Morgen ansprach, schien seine Miene seltsam aufgehellt. „Da hast du aber einen lustigen Kameraden an der Fensterscheibe!", rief er mir über die Fahrradgestelle zu. „Ja", antwortete ich, und ging mehr Brot kaufen.

Als meine neue Mitbewohnerin dann ankam, war zumindest der Herd da. Allerdings brauchten wir ein paar weitere Tage, um herauszufinden, dass dieser auch eigentlich vollkommen funktionstüchtig war. Sogar die Kindersicherung funktionierte. Zunächst war es schwierig, mit dieser Person zu kommunizieren. Mit Liisa war alles klar, wir sprachen Finnisch, manchmal besser, manchmal schlechter von meiner Seite, aber verstanden haben wir uns meistens. Die Neue allerdings kam eines Herbstabends mit ihrem übergewichtigen Koffer an und schnaufte: „Nä, des wa zaach!" Verwirrt bat ich um eine Wiederholung des gerade Gesagten. „S wa zaach!" Zaach, das österreichische Wort für anstrengend, hart. Das kannte ich zu diesem Zeitpunkt aber noch nicht. Genauso wenig wusste ich irgendetwas von „Karfiol", „Schwammerln" und „Marillen", und es überraschte mich, herauszufinden, dass „Palatschinken" gar nichts mit einer Baustelle leben und sich wochenlang hauptsächlich von Brot ernähren? Meiner damaligen Mitbewohnerin Liisa war das zu viel. Sie verließ das sinkende Schiff bereits vor der neuen Küche. Den verregneten Sommer 2008 verlebte ich somit alleine im Knoblauchhaus mit meinen beiden Meerschweinchen Matti und Pekka, denen das Ganze herzlich egal zu sein schien, da ihr Salat normalerweise nicht gekocht werden musste. Mir wäre es jedoch ganz recht gewesen, hätte man uns mit den mobilen Kochplatten ausgestattet, die uns am Anfang versprochen wurden. Nach Beginn der Renovierungsarbeiten war davon jedoch keine Rede mehr gewesen. Auch die anderen Bewohner des Hauses nahmen vermutlich fluchend zuhause ab. Nach sechs Wochen, in der Küche sah es nach wie vor wüst aus, befestigte ich dezent einen Zettel an meiner Haustür, mit der Bitte, mir doch endlich diese Kochplatten zur Verfügung zu stellen, da mir das Brot zum Halse heraushänge. In den folgenden Tagen gab es auch darauf keine Reaktion, sodass ich schließlich aus lauter Verzweiflung im Hungerdelirium ein lebensgroßes Skelett aus Druckerpapier ans Küchenfenster klebte. So würde auch ich bald aussehen, wenn ich mir nicht in absehbarer Zeit etwas Vernünftiges zu essen kochen könnte.

Eines Morgens, als ich aus dem Haus heraustrat, sprach mich Herr Kammonen an. Kammonen war zu dem Zeitpunkt unser Hausmeister. Wenn man ihn so sah, musste man davon ausgehen, dass Hausmeister kein schöner Beruf war. Normalerweise stapfte er mit betrübter bis grimmiger Miene vor sich hin und vermied jeglichen Augenkontakt. Er sah einen nie. Und wenn er einen aus Versehen doch sah, dann kannte er einen nicht. Auch dann nicht, wenn er im vorherigen Winter alle paar Wochen bei einem zu Gast war, um die Heizung zu reparieren, und erst recht nicht, wenn

Reisen in die Vergangenheit

*Warum wir vom Knoblauchhaus in die
Schokoladenwohnung zogen*

Zuerst klang es wie Donnergrollen. Ich lag in meinem Bett, schlafend, aber plötzlich war da dieses donnernde Geräusch, das sich nach und nach in meine Träume einmischte. Je mehr es mich aus meinem Dämmerzustand riss, desto mehr wurde mir bewusst, dass es sich um einen ganz normalen Morgen im Knoblauchhaus handelte. Schließlich erkannte ich ihr diabolisches Lachen. Unheimlich wie Rumpelstilzchens Tanz um das Feuer läutete es das Ende der Nachtruhe ein. Es würde ein weiterer Tag werden, den unsere Nachbarin größtenteils am Telefon verbringen würde.

Zu dieser Zeit wohnte ich im Knoblauchhaus. Seit meinem Einzug hatte sich viel ereignet. Vor allem wurde renoviert. Da waren die vier Wochen Küchenrenovierung, aus denen nach meinem Kalender acht wurden, die bei mir immer noch Bilder von im Wasserkocher zubereitetem und mit Ketchup verzehrtem Reis vor dem inneren Auge hervorrufen. Nur Wochen später verkündete die Hausverwaltung, dass es nun Zeit für einen Aufzug sei, und noch etwas später bekamen wir eine neue Gemeinschaftssauna. Manchmal konnte ich mich des Gefühls nicht erwehren, dass diese ganzen Arbeiten einzig und allein dem Zweck dienten, möglichst viele Mieter aus dem Haus zu vergraulen. Wer möchte schon jeden Morgen von einem lauten Bohrgeräusch aus dem Bett geschreckt werden? Wer möchte dauerhaft auf

Menschen gelungen. Auch die vorsichtigsten Wissenschaftler sind von ihren Forschungsreisen in das Innere von Club 16 bisher nicht zurückgekehrt. Meine österreichische Mitbewohnerin lebte nach eigenen Angaben neun Monate ohne Schlaf im Club 16, bevor sie zu mir ins Knoblauchhaus zog und eine Woche durchschlief. Dann doch lieber ein Jahr im Affenhaus.

Wohnung entfernt. Nur unwesentlich weiter also als das Apinatalo, das wohl höchste Haus in Kaijonharju, das wegen der lesenden Orang-Utan-Statue in seiner unmittelbaren Umgebung weithin als Affenhaus bekannt ist und als Studentenunterkunft dient. Auch mich hatte man dort während meiner Zeit als Austauschstudentin untergebracht, bevor ich dann ins Knoblauchhaus ziehen konnte. Obwohl ich damals nicht davon begeistert war, mir die Küche mit einem Dutzend anderer Hungriger teilen zu müssen, bin ich im Nachhinein zu dem Schluss gekommen, dass es hätte schlimmer kommen können. Viel schlimmer. Mein Zimmer lag weit ab von der großen Küche, in der es am Wochenende und in der Woche regelmäßig von partywütigen Franzosen und Italienern wimmelte, die den Raum wie eine Sardinenbüchse ausfüllten. Zudem lagen zwischen meinem Bett und dem Clubraum im obersten Stock sechs Stockwerke. Das Schlimmste wäre wohl gewesen, man hätte mir ein Zimmer im Club 16 zugewiesen, denke ich heute. Club 16 ist die Ouluer Antwort auf Zimmer 101 in George Orwells „1984". Geht man von Kaijonharju Richtung Linnanmaa kann man sich dem Anblick der bunt durcheinander gewürfelten Etagenhäuser in knalligen Clownsfarben nicht entziehen. Farblich an die Unigebäude meisterhaft angepasst, stehen sie dort auf der Yliopistokatu, jedes in seinem eigenen, kräftigen Anstrich. Yliopistokatu 16 hält sich vergleichsweise bedeckt in Weiß-Gelb, um zumindest optisch nicht zu sehr aufzufallen. Das Gebäude des Schreckens beherbergt traditionell Austauschstudenten und vielleicht einen Partyraum. Festzustellen, ob es sich bei den Räumlichkeiten mit einer Menschendichte von durchgehend zehn Individuen pro Quadratmeter um einen extra dafür ausgelegten Raum oder eine normale Wohnung handelt, ist noch keinem heute lebenden

„SUPER-SYKSY!" blinkt es neben mir in den buntesten Farben auf, als ich an der Kasse anstehe. Das *Iltasanomalehti*-Gestirn am Nachrichtenhimmel macht nach wie vor am liebsten mit dem Wetter und großen Buchstaben auf sich aufmerksam. Anstatt zu schocken und zu berichten, dass es weiterhin so viel und unberechenbar regnen wird wie in letzter Zeit, dass die Gewitter weitergehen und der Strom nun öfter ausfällt wie in der letzten Nacht, finden die Schreiberlinge, dass jetzt zur Abwechslung wieder eine Zeit der Hoffnung ist. So verspricht die Zeitung uns heute für die nahe Zukunft ein Land, in dem Milch und Honig fließen, beziehungsweise einen Super-Herbst, in dem es noch lange warm bleibt, die Wälder voller Preiselbeeren und Pilze sind und es eine wundervolle *ruska*-Zeit gibt. *Ruska* ist die Zeit der Laubfärbung, die in Lappland am kräftigsten ist und dort die Landschaft in ihren psychedelischsten Farben erleuchten lässt.

Bis dahin sind es noch ein paar Wochen, die Übergangszeit von Sommer zu Herbst ist allerdings bereits in vollem Gange. Die Vorboten des Herbstes jedenfalls sind schon da. Zum einen wird es wieder dunkel. Fast jeden Abend erstaunt es mich, *wie* düster es wird. So, dass man nichts mehr sehen kann. Zum anderen füllt es sich wieder. Das öffentliche Leben, das im Sommer aufgrund der besten *mökki*-Zeit des Jahres auf Sparflamme lief, geht nun wieder wie gewohnt weiter, die Schulen öffnen ihre Pforten für das nächste Schuljahr und die *fuksis* bekommen eine Einführung in das Studentenleben und bevölkern zusammen mit den ersten paar Zurückgekehrten eine Woche vor Semesterbeginn den Campus und das *Teekkaritalo*. Das *Teekkaritalo*, berühmt-berüchtigt für seine Studentenfeiern, befindet sich direkt am Ufer des Kuivasjärvi, nur einen Block von unserer

Schließlich drückt mir Antje die Sense in die Hand. *„Haluatko kokeilla?* Willst du mal?" Meine Sensenübungsstunde, auch wenn es letztendlich wohl nur noch eine Frage von Minuten ist, bis die Wiese komplett gemäht ist, hat begonnen. Ich schlage die Schneide in das hohe Gras. Volltreffer. Einige Büschel *pietaryrtti* fallen und hinterlassen sauber abgeschnittene Stängel auf der Wiese. Mit dem vertrockneten Gras gibt es mehr Probleme, immer wieder bleibt die Sense stecken. Dennoch geht es voran, und mir macht es Spaß zu sehen, wie auch die von mir bearbeiteten Stellen endlich Heu zum Zusammenrechen hinterlassen. Als für mich nichts mehr zu tun ist, geselle ich mich zu Antje, die sich bereits an der für die Heuarbeiter bereitgestellten Fleisch- und Gemüsesuppe gütlich tut. Die kommt mir jetzt auch sehr gelegen, nach einigen Stunden auf der Wiese bin ich hungrig. Außer der Suppe findet sich Roggenbrot sowie Kaffee, Tee und *pulla*, das allgegenwärtige Gebäck. Jetzt gegen Abend und da wir uns nicht mehr bewegen, nehmen die ebenso allgegenwärtigen Mücken Anteil an unserem Mahl, beziehungsweise an ihrem ganz persönlichen Mahl bestehend aus Menschenblut. Wie eine der vielen Mücken schwirrt auch die Frau im weiten grauen T-Shirt, die gerade noch eifrig mit der Heugabel unterwegs war, um uns herum. Sie hat es ebenfalls auf uns abgesehen, allerdings mit der Kamera. „Und dann heißt es wieder, die Deutschen machen nichts und essen nur!", lacht Antje. Ob die frisch gesenste Wiese in ihrer Gesamtheit von dem gleichen Gewitter getroffen wird wie ich, als ich nach Hause fahre, sehe ich nicht mehr, denn die Mücken werden schließlich einfach zu aufdringlich, lassen sich kaum mehr davon abhalten, sich auf jeglichem unbedeckten Körperteil niederzulassen. Ich flüchte.

beit. Schwärmen aus, die einen mit Sensen, die anderen mit Harken bewaffnet, um das gesenste Gras aufzuhäufen. Bald ist die Wiese gefüllt mit Eifrigkeit unter der Abendsonne, und außer dem Duft von frisch geschnittenem Gras liegt der vielleicht noch dominierendere Geruch von *mesiangervo* in der Luft. Eine Wiese, die nach Wassermelone duftet.

Antje und ich stehen noch am Rand der Wiese und überlegen, wie wir uns beteiligen. „*Haravoiminen* ist leichter als sensen", gibt sie mir gegenüber zu bedenken. Da das Zusammenrechen des Grases schon abgedeckt ist, entscheide ich mich heute für die Mistgabel. Damit spieße ich die Grashaufen auf und bringe sie an den Rand der Wiese, damit sie von dort aus besser abtransportiert werden können. Dabei läuft man viel. Die ständige Bewegung hat den Vorteil, dass die bereits eingetroffenen Mücken das Nachsehen haben und nicht mitkommen. Ich laufe sie sozusagen aus. Was mir bei den letzten *talkoot* (freiwillige Gemeinschaftsarbeit) nicht so recht gelingen wollte, nämlich, dass das ganze Gras auch zum größten Teil auf der Gabel bleibt, geht diesmal zu meiner Überraschung erstaunlich gut. Ich laufe, schaufle und wuchte Grashaufen hoch, trage sie über die Wiese, lade ab, laufe und tanze die Mücken elegant aus.

Das Mähen der Wiese mit einer so großen Gruppe geht unerwartet schnell voran. Hannu freut sich, dass dieses Jahr das erste sein könnte, in dem die Wiese an einem einzigen Abend gemäht wird. Daran zweifelt niemand so richtig. Als ich eine Pause einlege, um meinen Durst zu stillen, und die Szenerie beobachte, fällt mir am ehesten eine Horde Heuschrecken ein, die plötzlich und in Windeseile über ein Feld herfallen, bis davon nichts mehr übrig ist. Bald schon beobachtet der Heuhaufen auf der einen Seite das Schauspiel wie eine riesige Heustatue.

Schinken zu tun hatten. Meine Meerschweinchen wurden zu „Matterl" und „Pekkerl", und auch sonst fing alles an, sehr klein und niedlich zu klingen. Wobei ein „Packerl" normalerweise mit einem Transportkarren von der Post abgeholt werden musste. Ein solches war von ihrer Mutter aus Österreich und beinhaltete alles, was man in Finnland nicht bekam oder was die Mutter glaubte, was man nicht bekam. Meistens waren darunter Unmengen von Schokolade, Schinken, Wein, Marmelade und Schnaps. Und die sogenannten Fleckerln, eine österreichische Nudelspezialität, die sich mit dem Schinken zubereiten ließ.

Und dann, als ich bereits mit Atte zusammengezogen war, passierte es. Es passiert nicht oft, dass in Kaijonharju was passiert. Also, wenn man es genau nimmt, passiert eigentlich die ganze Zeit was, aber eben nicht, dass irgendetwas veranstaltet wird. Nun war dieser Zettel in unseren Briefschlitz geworfen worden. Darauf stand, dass Herr Kammonen in Rente gehen und Herr Kropsu seine Arbeit demnächst übernehmen werde. Zu diesem Anlass sollte auf dem Spiel- und Grillplatz inmitten der Mietshäuser ein Fest stattfinden. Dies durfte Herrn Kammonen jedoch nicht gesagt werden, da es eine Überraschung werden sollte. An diesem Nachmittag spielte also eine Schlagerband auf, es gab Suppe, Kuchen und sogar eine kleine Ration Bier. Es wurde ein rauschendes Fest. Kammonen wurde zu seinem Abschied beglückwünscht, fotografiert und zeigte zum ersten Mal in seinem Leben einen Anflug von einem Lächeln. Der neue Kammonen wurde indes ebenfalls zu seiner neuen Arbeit beglückwünscht. Eigentlich ist er ein ganz lustiger Kerl, der neue Kammonen. Obwohl allzeit zum Helfen bereit, sieht man ihn oft Seifenblasen blasend mit den eigenen oder Nachbarskindern auf dem Spielplatz oder sich mit sämtlichen Mietern über die Kaijonharjuer Neuigkeiten austauschen. Dabei schwitzt er viel. Einmal kam er bei uns zum Abdichten der Balkontür in die Wohnung, es mussten ein paar Holzleisten festgenagelt werden. Diese Arbeit schien besonders anstrengend zu sein und wäre auch wahrscheinlich gar nicht mehr nötig gewesen, denn einige Wochen später rief er Atte im Vorbeigehen zu: „Zieht doch da oben hin! Da zieht's nicht!" Im achtstöckigen Nebenhaus, wo sowohl der alte als auch der neue Kammonen wohnten, war eine Wohnung frei geworden. Einen Monat später zogen wir aus. Vom vierstöckigen Knoblauchhaus in die Schokoladenwohnung in den achten Stock. Unsere Schokoladenvorräte waren unter den ersten Sachen, die wir ein Haus weiter trugen, und da Schokolade einen hohen Stellenwert in unser beider Leben hat, wussten wir sofort welche Wohnung gemeint war, wenn vom *suklaakämppä*, der Schokoladenwohnung, die Rede war. Die Verwendung von Knoblauch hat allerdings auch nach dem Auszug aus dem Knoblauchhaus nicht nachgelassen.

Trotz der maroden Abdichtungen habe ich eigentlich gerne im Knoblauchhaus gewohnt. Andererseits war da der Lärm. Ich meine nicht die nächtlichen Streitereien der Nachbarn, auch nicht SPTs Delirien verbunden mit den schweren Glockenschlägen von Hells Bells, die zu jeder Tages- oder Nachtzeit erklingen konnten, das waren ja alles Ausnahmen, wenn auch zeitweise recht häufige. Aber dann zog der Frosch ein. Eine alte Dame mit erhöhtem Mitteilungsbedürfnis, Reibeisenstimme und einem furchtbaren Husten. Morgens um Punkt acht Uhr fing der Tag für sie an: das erste Telefonat. Dem folgten weitere, manchmal bis zu einer Stunde lange Gespräche, die stets mit einem vertrauten *„Kiitos, hei hei!"* endeten. Dazwischen bitterböses Lachen.

Lange kannten wir nur ihre froschartige laute Stimme, in die sich manchmal auch ein Anflug von Krähe mischte. Am Anfang haben wir uns gefragt, ob hinter diesem ständigen Redeschwall möglicherweise auch ein Tonband steckt. Vielleicht hatte der Vormieter dieses als bösen Scherz dagelassen, und jeden Morgen, tagein, tagaus, ob Wochentag oder Wochenende, spielte es die ewig gleichen Phrasen bei voller Lautstärke ab. Das erschien zumindest mir plausibel. Welcher Mensch aus Fleisch und Blut würde schon beinahe ständig Telefongespräche führen? Was hätte so ein Mensch überhaupt jeden Tag, jede Stunde zu erzählen? Praktisch gesehen, wie würde das Handy so lange am Ohr bleiben? Und vielleicht am allerwichtigsten: Wer würde sich mit solcher Regelmäßigkeit anrufen lassen, um sich stundenlang Reibeisenantworten anzuhören? Das konnte doch einfach nicht sein. Die Hexe im Fenster gegenüber jedenfalls hätte keine Zeit. Oder konnte es doch sein, dass ...? Dass sich die beiden alle paar Stunden über ihre Beobachtungen austauschten? Die Hexe und der Frosch zusammen unter einer Decke, das klang wie in einem grausamen Märchen. SPT, dessen Wohnung sich genau neben der Lärmquelle befindet, glaubte nicht an derartige Verschwörungstheorien. Er hoffte nur, dass „die Alte eine gehörig hohe Telefonrechnung hat".

Mich hat das tägliche Quaken nicht nur um den Schlaf, sondern beinahe um den Verstand gebracht. Das Steckenpferd, das seit Jahren aus unserer Sofaritze in die Welt sieht, musste dran glauben. Nach vielen Wochen ohne richtigen Schlaf wurde es mir ganz einfach zu viel. Eines Sonntagmorgens, mit den ersten Worten des ersten Telefongesprächs, sprang ich aus dem Bett, nahm den Stock samt Pferdekopf und donnerte ihn auf den Boden. Der Plastikstiel krachte, zerbrach, während der Frosch unbeeindruckt in sein Gespräch vertieft blieb. Aus Angst vor weiteren Sach- und eventuellen Personenschäden zogen wir schließlich bei erster Gelegenheit um. Damit war das Problem behoben, der Frosch ist uns jedoch bis heute erhalten geblieben. Wann immer man sich draußen aufhält kann es passieren, dass einem die bekannte Krähenstimme aus dem offenen Fenster entgegenweht und den Spiel- und Grillplatz beschallt: *„Kiitos, hei hei!"*

Syyskuu

Von Vogelwolken, pinkfarbenen Wundern und wie ich eine Einführung in die Pilzkunde bekam

Atte schüttelt sich. Es ist Abend, wir essen Toastbrot. Die ersten beiden Scheiben, die aus dem Toaster springen, bestreiche ich mit Nutella. Atte kann das nicht verstehen. „Ihr Mitteleuropäer seid doch verrückt!", kommentiert er diesmal und belegt sein Brot mit Salami. Von süßen Brotaufstrichen hat er zum ersten Mal bei einem Besuch in den Niederlanden gehört. Damals war es Erdnussbutter. Eines der schrecklichsten Erlebnisse seines Lebens. Süßes aufs Brot, das macht man nicht. Zumindest nicht in Finnland. Auch nicht mit Marmelade. Das aufs *ruisleipä*, dem urfinnischen Roggenbrot, und man würde aller Wahrscheinlichkeit nach des Landes verwiesen. Inzwischen bin ich vorsichtshalber größtenteils auf Margarine umgestiegen. Schon alleine wegen des Preises, denn Nutella ist eigentlich viel zu teuer, um in einem finnischen Haushalt ein alltägliches Gut zu sein. Doch trotz seiner eigenen Abneigung gegen den Schokoaufstrich – wenn Atte mir eine besondere Freude machen will, dann schenkt er mir ein Glas Nutella. Statt Blumen.

Jetzt, so kurz vor Sonnenuntergang versammeln sich wie jeden Abend Hunderte von Krähen auf den beiden anderen Achtstöckern. Sekündlich kommen neue Vögel dazu, manche alleine, manche in kleinen Schwärmen, um sich auf den Dächern niederzulassen. Andere wechseln ihre Stellung, lassen sich in die Häuserschluchten fallen, um wenig später, halb vom Wind getragen, halb aus eigener Muskelkraft, auf dem anderen Haus zu landen oder atemberaubend nah an unserem Küchenfenster vorbeizufliegen, das nur wenig unterhalb einer ihrer Treffpunkte liegt. Irgendwann, wie auf ein Zeichen hin, erhebt sich die gesamte Krähenversammlung in die Luft und saust als riesige Wolke aus Vögeln über den Himmel. Der überwältigende Anblick einer so großen Anzahl von Vögeln, die sich rasch wechselnden Formationen, die mich manchmal an die Wendigkeit von Nordlichtern erinnern, und der nicht enden wollende Strom aus Krähen in pfeilschnellem Flug sind ein abendliches Schauspiel, dessen Faszination zumindest ich mich nur schwer entziehen kann. Zu allen anderen Tageszeiten können Krähen allerdings ganz schöne Nervensägen sein. Vor allem streiten sie gerne, laut und theatralisch. Wahrscheinlich arbeiten sie gerade dann an einer Neuauflage von Hitchcocks „Die Vögel", scheinen sich aber zum Glück nie einig zu werden.

Endlich läuft das Vorderrad meines Fahrrads wieder gerade. Obwohl mir mein Drahtesel, der von verschiedenen Leuten bereits sowohl als „pinkfarbenes Wunder" als auch als „Oma-Rad" betitelt wurde, normalerweise gute Dienste leistet und selten lahmt, kam es diesen Sommer Schlag auf Schlag: Erst wollte die zugegebenermaßen seit vielen Jahren immens verrostete Fahrradkette nicht mehr an ihrem Platz bleiben. Zu dritt ist es Scooter, Atte und mir im Laufe eines Nachmittages gelungen, die alte gegen eine neue auszutauschen. Einige Wochen später war und blieb der Hinterreifen trotz groß angelegter Belebungsversuche platt. Nach einem Abend inmitten von Werkzeugen auf dem Balkon mussten wir feststellen, dass man uns in der Schule zwar unzählige

Parabeln zeichnen und „Macbeth" hatte lesen lassen, wir aber beim besten Willen keinen Fahrradreifen flicken konnten. Es blieb nur der mit plattem Reifen und verkorkster Gangschaltung mühsame Weg zur Reparaturwerkstatt. Als dann kurz darauf auch der Vorderreifen keine Luft mehr bei sich behielt, begann sich mein „pinkfarbenes Wunder" zum Stammkunden zu entwickeln. Da es trügerischerweise einfacher erschien, nur ein einzelnes Rad anstelle eines ganzen weidwunden Fahrrads dorthin zu transportieren, wurde ein weiterer Abend damit verbracht, über die leicht verfehlte Montage des Vorderrades mit dem frisch ausgetauschten Schlauch zu fluchen. Immerhin – ich konnte wieder überallhin fahren, nach einer weiteren Feinjustierung auch ohne, dass das Rad dabei von einer Seite zur anderen wackelte. Dennoch, so ganz gerade, glatt und geschmeidig bewegte es sich immer noch nicht. Schließlich kam die Erlösung auf der E-Mail-Liste des Ausflugsclubs von Oulu. Jetzt, wo alle wieder im Lande beziehungsweise in der Stadt sind, werden wöchentlich Fahrradreparatur-Workshops angeboten. Direkt bei der ersten Möglichkeit melde ich mich an.

Es ist – mal wieder – windig, als ich in die *Koskitie* einbiege. Im Hinterhof eines Blockes von in Plastikplanen eingehüllten Häusern mit Mietwohnungen treffe ich auf ein halbes Dutzend Menschen mit Problemfahrrädern. Dazu kommen Hannu und Juha, die sich mit sowas auskennen. Während wir warten und nicht so genau wissen worauf, kommt eine ältere Dame, wohlgemerkt ohne Fahrrad, näher und beäugt die Szenerie neugierig. Hannu wuselt in der Werkstatt herum und wirkt wie immer geschäftig. Mehr und mehr Leute rauschen auf Fahrrädern heran und stellen sich vor. „Bist du eilig?", ruft mir Hannu im Vorbeigehen auf Deutsch zu. Ich verneine. „Dann mache ich gleich mal

Kaffee und Tee!" Juha macht sich daran, das Fahrrad des Mannes mit Glatze auseinanderzunehmen. Als Hannu wiederkommt, sieht er sich den ungeraden Lauf meines Vorderrades an und wird dann von der älteren Dame unterbrochen. „Sagen Sie, ich wollte mir nur mal diesen Fahrrad-Workshop ansehen. Ist das jeden Mittwoch? Ich bin auch auf der Liste des Ausflugsclubs, aber diese Ausflüge sind ja eher für die Jüngeren." Dabei lächelt sie mich auf Zustimmung hoffend an, unterhält sich dann weiter mit Hannu. Hätte ich ihr sagen sollen, dass ich mich bei den „Ausflügen für die Jüngeren" regelmäßig in Rentnergruppen wiederfinde und mich trotzdem wohlfühle? Stattdessen warte ich, lausche den Erklärungen, die Juha nun der Fahrradbesitzerin mit dem im Wind flatternden Halstuch gibt, und beobachte, wie eine andere ausprobiert, ob der Sitz des massiven Fahrradschlosses am Rahmen ihres Gefährts eine Behinderung beim Fahren darstellt. Schließlich, müde, mich am Lenker festzuhalten, weil mein „pinkfarbenes Wunder" schon seit vielen Jahren nicht mehr auf dem eigenen Bein stehen kann, stelle ich mein Rad auf den Kopf und mustere wie hypnotisiert das Eiern des Vorderrades. Plötzlich reißt mich Hannus wie immer muntere Stimme aus meinen Gedanken. *Tulkaa kaikki nyt syömään pullaa!*" Die neugierige ältere Dame macht sofort Anstalten, das Angebot von finnischem Gebäck auszuschlagen und nach Hause zu gehen, hat aber die Rechnung ohne Hannu gemacht, der sie in den Bastelkeller schiebt, in dem der Kaffee schon bereitsteht. Als alle zusammen in dem kleinen Raum inmitten von Holzresten sitzen und sich der Gruppe vorstellen sollen, kann sie es immer noch nicht glauben. „Eigentlich wollte ich doch nur mal sehen, wie es hier so zugeht, und jetzt sitze ich hier den ganzen Abend!" Zum Kaffeetrinken kommt es dann doch nicht mehr, das ist der Alten zu viel des Guten. Hannu ruft ihr noch hinterher, dass sie doch beim nächsten Mal gerne wiederkommen soll, dann ist sie verschwunden. Der Rest tut sich an Kaffee, Tee, *pulla* und Schokokeksen gütlich und unterhält sich über die Geschehnisse des Sommers. Ich komme ins Gespräch mit einer jüngeren Frau aus Haaparanta, die erst vor kurzem aus der IKEA-Stadt des Nordens nach Oulu gezogen ist. Haaparanta, beziehungsweise Haparanda in der schwedischen Version, liegt an der finnisch-schwedischen Grenze und beherbergt die einzige IKEA-Filiale im Umkreis von vielen hundert Kilometern wie ein Wahrzeichen, für das der Ort weithin bekannt ist. Als die Frau erzählt, wie ihr direkt nach dem Umzug ihr Fahrrad gestohlen wurde, nickt Juha mitfühlend. *„Tervetuloa Ouluun!"* Willkommen in Oulu, der Stadt der Fahrraddiebe. Auch mein „pinkfarbenes Wunder" wurde bereits einmal gestohlen, allerdings zu einem Zeitpunkt, als ich es noch gar nicht besaß. Damals fuhr eine meiner Mitbewohnerinnen im Apinatalo damit jeden Tag zur Uni, bis zu dem Tag, an dem es nicht mehr aufzufinden war. Einige Tage später fand sie es an anderer Stelle wieder und „klaute" sich kurzerhand ihr eigenes Fahrrad zurück. Als sie dann endgültig abreiste, kaufte ich ihr das Wunderding ab.

Zum heutigen Fahrrad-Workshop sind auch zwei frischgebackene polnische Austauschstudentinnen gekommen. Hannu ist wie immer neugierig und fragt, was ihnen denn in der Woche, die sie in Oulu bereits verbracht haben, am meisten ins Auge gefallen ist. „I don't know ... maybe all the people on bicycles and that there are so many bicycle paths. It's not like that in Krakow." Eine Antwort, die Hannu aufrichtig freut und ihn dazu veranlasst zu berichten, wie viele Leute das ganze Jahr über Fahrrad fahren und herumzufragen, wie sich die anderen in der kalten Jahreshälfte vor den Temperaturen und Erfrierungen im Gesicht schützen. Er selber habe eine Sturmhaube für diese Zwecke und Spikereifen für eine bessere Bodenhaftung. In der Tat fahren viele Menschen in Oulu selbst bei widrigsten Wetterbedingungen mit dem Rad. Ob bei –30 Grad, im Schneesturm, durch spiegelglatte Eiskrater oder im strömenden Regen, ein Grund, nicht aufs Fahrrad zu steigen, das Fahrrad gar für den ganzen Winter einzumotten, ist das für viele nicht. Immer wieder sieht man jemanden, der sich durch dichten Schneefall kämpft, dem Wind trotzt oder auch in einer Kurve ausrutscht und fluchend vom Rad fällt, dann schnell wieder aufsteigt. Fahrradfahren, das ist in Oulu ein Lebensstil.

Als sich das Kollektiv wieder vor der Werkstatt zusammenfindet, wird es bereits langsam düster, und ich bekomme Juha endlich dazu, mir mit dem Vorderrad und den Bremsklötzen zu helfen, die auf einer Seite viel näher am Rad stehen als auf der anderen. Er nimmt die Bremse umständlich auseinander, erklärt mir das System und konstatiert dann, dass mein Fahrrad mindestens zwanzig Jahre alt sein müsse, denn solche Bremsen baue heute niemand mehr. Mit dem eiernden Rad hilft mir Hannu, der die Speichen justiert, während er in seinem Deutsch-Englisch-Finnisch-Mix auf mich einredet. „Ich habe ein Goal. Ich muss mit dir auf Deutsch sprechen können. Wie heißt dieses hier?" Wir unterhalten uns über die Fahrradteile, darüber, dass Köln eine von Hannus Lieblingsstädten in Deutschland ist und dass es mir dort auch so gut gefallen hat, dass ich lieber nach Oulu gezogen bin. Kurz bevor die Dunkelheit den gesamten Hof übernimmt, dreht sich das Vorderrad überraschend gerade. Ich freue mich, dass das „Pinkfarbene Wunder" wieder in Hochform ist.

Natürlich ist das „Pinkfarbene Wunder" nicht mein einziges Fahrrad. In Oulu hat man eines für jede Gelegenheit. Dieses Wochenende habe ich mich für das kleine Rote entschieden. Als ich damit freitagmorgens um acht Uhr am Ouluer Busbahnhof stehe, regnet es. Mit mir warten um die zwanzig andere Passagiere unter einem Dach darauf, mit in den Norden genommen zu werden. Ich hatte es mir bereits vor einem halben Jahr in den Kopf gesetzt: Den allerersten Auftritt von Jonne Järvelä mit seinem neuen Soloprojekt in Levi beim Neljän Tuulen Festivaali würde ich mir nicht entgehen lassen. Dafür waren die beiden im Vorfeld veröffentlichten Songs einfach zu gut, um es an einer sechsstündigen Busfahrt nach Lappland scheitern zu lassen. Jonne würde ich mit nichts mehr schocken können, das war mir klar. Als Frontmann der Folkmetal-Band Korpiklaani musste er schon so manches Mal feststellen, dass ich SCHON WIEDER da war. Vor über neun Jahren fing es an. Da war ich von der absolut mitreißenden Vergnügtheit der damals noch relativ jungen Band auf einem Festival in Südfinnland so angetan, dass ich Dauergast wurde. Viele Orte hätte ich ohne Korpiklaani wahrscheinlich gar nicht gesehen, ob Moskau, Barcelona, Riga oder Glasgow. Auch in die westlichen Teile von Lappland hätte mich jetzt, in diesem Moment, konkret nichts geführt, hätte ich nicht diesen kleinen Anschub bekommen. Doch nun sitze ich in einem Bus nach Rovaniemi, mit Umsteigemöglichkeit Richtung Tromsø.

Trotz des frühen Morgens und einem Schlafdefizit von vielen Stunden bin ich aufgeregt. Eine Fahrt nach Norden verspricht ein größeres Abenteuer zu werden als eine nach Süden. Schon bei meiner ersten Reise nach Lappland kam es mir so vor, als handele es sich um ein völlig anderes Land als das, in dem ich normalerweise lebe. Das Klima ändert sich, mit ihm die Landschaft, sogar die Sprache und das Leben generell. In Ivalo hörte ich zum ersten Mal, wie Menschen in einem Supermarkt Samisch miteinander sprachen. Bis dahin hatte ich es nicht für möglich gehalten, dass die samischen Sprachen wirklich irgendwo im Alltag gesprochen werden, sondern hielt diese für eine Art Latein, das höchstens an Universitäten gelehrt und an die Fahnenstange einer Urbevölkerung gehängt wird, die längst untereinander die Majoritätssprachen spricht. Auch zweisprachige Straßennamen und Schilder hielt ich für eine reine Formalität. Gegen dieses mein damaliges Denken rannten an die fünfzehn Schüler in Utsjoki im August 2010 an, die in den Bus stürmten und redeten, sodass ich kein Wort verstand. Während sie sich noch von Mützen und Handschuhen befreiten, fuhren wir an einer Rechtsberatungsstelle vorbei, an der das beeindruckende Wort *„Vuoigatvuoaveahkkedoaimmahat"* prangte.

Nach meinem Buswechsel in Rovaniemi spüre ich auch diesmal wieder die unsichtbare Grenzüberquerung. *„Seuraaaaaavaaaaksi saaaavuuuumme Kittilääään kellooo kooolmetoooistaaa kooolmekymmentäää, sitten Leville kooolmetoooistaaa viiiisiiikymmentääääviiisiiii ... Kiiiilpiiiisjääääärvellä oooleeemme kellooo seeeitseeemääntoooistaaa neeeljäääkymmentää jaaa sitten jaaatkaaamme Nooorjaaaan, jooossaaa oooleeemme kellooo kaaahdeeeksaaaantooista kymmeeeeneeen, ja siiiirrääämme kelloooaaa tunniiin taaaksepääääiiin ..."* In Lappland herrscht keine Eile. Auch nicht beim Busfahren, und schon gar nicht beim Ansagen der folgenden Haltestellen. Als der Fahrer bei Norwegen angekommen ist, will er die Uhr sogar um eine Stunde zurückstellen, um noch mehr Zeit zu haben. Auch ich werde ruhiger. Verglichen mit der Gegend hier ist es geradezu hektisch bei uns im Süden in Oulu. Orte werden rar und rarer. Der Ausblick aus dem Fenster besteht fast nur noch aus knallgelb leuchtenden Birken, grünen Nadelbäumen und einem Rotstich auf dem Waldboden. Dazwischen Gewässer. Die Farben ziehen an meinen Augen vorbei, verwischen, vermischen sich mit anderen zu einem bunten Gemälde. Werden zu Farbtönen mit wechselnder Helligkeit, die sich in ihrem ganz eigenen Rhythmus aufeinander zu, voneinander weg oder auch miteinander bewegen, sich vereinigen, verschwinden und an anderer Stelle wieder auftauchen. Schließlich nicke ich ein.

In Levi angekommen umgibt mich ein seltsames Ambiente. Auf der einen Seite sind wir hier im Nirgendwo, in der Pampa, die in Nordfinnland eher aus mäßig hohen Bergen denn aus Grassteppe besteht. Auf der anderen ist Levi das Skizentrum in Finnland schlechthin und auch zur schneelosen *ruska*-Zeit gut von finnischen Touristen besucht. Das kleine Zentrum besteht aus Souvenirläden, Hotels, Restaurants und Kneipen, die sich an diesem Fleck akkumulieren, und mutet dadurch wie eine Insel an, auf der ich mich nun mit all den anderen Touristen befinde. Meine Unterkunft liegt zwei Kilometer vom Mittelpunkt des Geschehens entfernt in einem Komplex aus überraschend modern ausgestatteten Holzhaus-Apartments. Als ich den Schlüssel abhole, warnt man mich mit Nachdruck davor, die Karte für die Außentür zusammen mit meinem Handy oder Portemonnaie aufzubewahren. „Die Daten darauf werden dadurch relativ leicht gelöscht. Und zwischen 23 Uhr abends und 7 Uhr morgens sind wir leider nicht zu erreichen." Ob dieser Worte verfalle ich zur Sicherheit schon mal in Panik und hoffe, dass das Konzert nicht so lange dauert. Für die Nacht ist Frost vorausgesagt.

Als ich mich am späteren Nachmittag auf den Weg zur Konzerthalle mache, um meine vorher reservierte Eintrittskarte abzuholen, merke ich, wie sehr Landkarten manchmal trügen können. Die Strecke zwischen meiner Unterkunft und der Halle sollte laut Google Maps knapp fünf Kilometer betragen. Unter anderem zu diesem Zweck habe ich das kleine rote Fahrrad dabei. Vom Bus aus hatte ich schon das Schild gesehen – Levi Summit, rechts abbiegen. Dem zu folgen würde ein Leichtes sein, und ich würde mich zumindest nicht irgendwo verirren, dachte ich. Bis die Straße anstieg, immer steiler wurde, ich vollkommen außer Atem geriet und schließlich das Fahrrad eine Unendlichkeit neben mir herschob, in der Hoffnung, diese Halle möge nun endlich nach der nächsten Kurve kommen. Schließlich tut sie das auch. Ich blicke die Skipiste hinunter auf das Zentrum, das eigentlich gar nicht so weit entfernt ist, wie es sich in dem Moment anfühlt. Bis auf den Berg hinauf erschallt das Treiben einer Karaoke-Bar, während die Abendsonne die umgebenden Wälder weichzeichnet. Wie ich da so stehe und meinen Blick über die mir dargebotenen Weiten, unterbrochen von Skiliften, schweifen lasse, wundere ich mich wie so oft über die von Menschen hervorgebrachten Eigenartigkeiten. Wie mitten in der Wildnis ein Vergnügungspark wie dieser entstehen kann, ist heute eine der Fragen, die mich beschäftigen. Eine andere ist die, wie ich mein Fahrrad wieder vom Berg ins Zentrum bekomme. Eine Weile überlege ich, ob die Gondeln, die auch jetzt zwischen hier und dort pendeln, mir zu Hilfe kommen könnten. Dann entschließe ich mich für den direkten Weg den Berg hinunter entlang den ausgetretenen Pfaden. Das Fahrrad bockt, stellt sich quer, rast mir voran und zeigt sich allgemein unzufrieden mit meiner Entscheidung. Als wir, erstaunlicherweise zusammen, unten ankommen, schließe ich das kleine Rote an einen Pfahl an. Auf den Weg nach oben mache ich mich später alleine und sehe ein großartiges Folk-Konzert von den insgesamt zwölf Musikern, die bei Jonnes doch nicht ganz so Solo-Projekt auf der Bühne stehen. Statt der biergeschwängerten Stimmung von Korpiklaani kommen heute ruhigere Töne zum Zuge. Wäre das Konzert ein Bild gewesen, es hätte Ähnlichkeit mit den vielen von der Natur gemalten Gemälden, die ich einige Stunden zuvor aus dem Bus betrachten konnte. Herrlich herbstlich-melancholische Musik mit Geige, Akkordeon und mehr als einem Anflug von Joik, die denjenigen, der sich auf sie einlässt, durch einen ähnlich unwiderstehlichen Sog in ihre mystische Welt zieht wie die Müdigkeit es mit dem Müden in die Traumwelt tut. Dass es sich um einen Auftritt in Lappland handelt, zeigt sich an den besetzten Sitzen in der Konzerthalle. Ich habe so gut wie freie Auswahl. Dreißig bis vierzig Zuschauer haben sich im Levi Summit eingefunden, die anderen haben es sicher nicht den Berg hochgeschafft, rede ich mir ein.

Nach dem Konzert höre ich Gerüchte von der Existenz einer Treppe. Draußen ist es stockdunkel. Das ältere Paar, das die Gerüchte in die Welt gesetzt hat und selbst vorhat, heute Abend noch den Weg nach unten anzutreten, hat nichts dagegen, mich mitzunehmen. Tatsächlich befinden sich neben den Gondeln, die jetzt nicht mehr fahren, Stufen aus Holz. Der Mann hat eine Taschenlampe an seinem Handy und leuchtet uns den Weg. Wir nähern uns, Stufe um Stufe, nach und nach dem Zentrum und unterhalten uns. Über Levi, die genaue Anzahl der Treppenstufen und darüber, dass bei dem Konzert so wenig Zuschauer waren. „Tja, wenn es in Helsinki gewesen wäre, wären sicher mehr dagewesen", vermutet der Mann im Jonne-Kapuzenpulli. „Wir fahren morgen wieder zurück nach Tampere." Ich bin erstaunt und beeindruckt. Sofort frage ich nach. „Ihr seid jetzt für das Konzert hier wirklich von Tampere nach Levi gefahren?" „Na ja", lacht er. „Ich bin der Vater von Jonne." Ich rechne nach. Bei zwölf Musikern macht das ungefähr drei Familienmitglieder pro Person. Vielleicht war ich heute die Einzige, die mit niemandem auf der Bühne verwandt war.

Am nächsten Tag sitze ich wieder im Bus. Dem Busfahrer erkläre ich, dass ich nach Törmäslompolo möchte und dass er mir Bescheid sagen soll, wenn wir meine Haltestelle erreichen, die sich irgendwo auf der Strecke zwischen Levi und Muonio befindet. Das macht er, verspricht er mir. Ich werfe einen Blick nach hinten in den Bus, wo zwei weitere Fahrgäste sitzen, und bleibe im vorderen Teil des Fahrzeugs, um jederzeit zum Aussteigen bereit zu sein. *„Niin mistäs olet kotoisin?"*, fragt mich der Busfahrer, als wir Levi verlassen. Ich erzähle ihm, dass ich ursprünglich aus Deutschland bin, aber seit acht Jahren in Oulu wohne. Wir kommen ins Gespräch. Ab und zu hält er an, öffnet die Tür und wirft gekonnt *Lapin Kansa*, die Lokalzeitung für ganz Lappland, in die offenen Holzkästen am Straßenrand. „Du bist also hier auch der Postbote", merke ich an, was er stolz bejaht. Wir unterhalten uns über die Vegetation, ein über die Straße rennendes Rentier und seine heutige Endhaltestelle, Kilpisjärvi. Von Kilpisjärvi ganz am Ende der „Hand" im Nordwesten von Finnland schwärmt er in den höchsten Tönen. „Warst du schon mal dort? Da solltest du wirklich mal hinfahren, das lohnt sich. Die Tunturi dort ist ganz anders, sehr karg, und es gibt überhaupt nur ganz kleine Birken." Ein Tourist aus China habe ihn mal gefragt, wie viele Einwohner es in Kilpisjärvi gebe. Hundert, habe er gesagt, worauf der Chinese fragte: „Hundert was? Tausend?" „Nein, habe ich gesagt, hundert eben. Das konnte der Mann nicht begreifen, er selbst war eben aus Peking, wo zwanzig Millionen Menschen leben." Nach der halben Stunde, die es dauert, bis wir in Törmäslompolo ankommen, hat er mich überzeugt: Ich plane im Geiste bereits eine Reise nach Kilpisjärvi. Diesmal werde ich es trotz aller Empfehlungen soweit nicht schaffen. Der Busfahrer zeigt mir noch, wo sich meine Bleibe für heute befindet, dann braust er in Richtung seines Lieblingsdorfes davon.

In Törmäslompolo wohne ich in einer Privatunterkunft am Rande der Straße, an der der Bus mich abgesetzt hat. Vor der Tür schläft ein schwarzbrauner Hund. Ich stelle mein Fahrrad neben einem Baum ab und mich bei der Frau des Hauses vor, die mir ein Zimmer zuweist. „Hier wohnen im Moment noch zwei andere Frauen, aber die sind gerade Pilze suchen. Kommen nachher wieder." Ich lasse mich in meinem Zimmer nieder. Als ich gerade anfange, mir in der gemeinsamen Küche mein Mittagessen zu kochen, fliegt die Tür auf. Herein kommen zwei bereits ergraute Frauen, in den Händen rote Plastikeimer. *„Hei, mää olen Anja!"* Die andere streift sich die an der rechten Hand befindlichen Pilzreste an der Hose ab. *„Ja mää oon Sini!"* Fröhlich sind sie. Während ich Kartoffeln schäle und die beiden ihre Pilzausbeute sortieren, lernen wir uns kennen. Seit Mittwoch sind sie hier und haben seitdem die meiste Zeit im Wald verbracht. *„Sienestätkö?"*, will Anja gleich wissen. Das Finnische kennt ein eigenes Verb für Pilze sammeln, genauso wie für Beeren sammeln. Ich verneine und bekenne, dass ich mich überhaupt nicht mit Pilzen auskenne. Anja wirkt leicht enttäuscht, fängt sich aber gleich wieder und plappert munter weiter. „Außerdem bin ich auf Wohnungssuche. Ich will nach Lappland ziehen, irgendwo hierhin in den Nordten. Bist du schon mal hier gewesen?" Anja ist die Resolutere der beiden, und die weitaus Gesprächigere. Ich verneine wieder und frage, was sie hier dann machen wolle. Prompt kommt die knappe Antwort. *„Olla."* Sein. Mir wird klar, dass wir uns gut verstehen werden, die Rentnerinnen und ich.

Die Sonne strahlt, und es ist unerwartet warm, als ich mich auf den Weg zur nur wenige Kilometer entfernten Keimiötunturi mache. Ich will wandern. So sehr Lappland und der Norden als Reiserichtung mir schon lange reizvoller als Südfinnland erschienen sind, so oft habe ich mich auch gefragt, wann man eigentlich solch eine Reise auf sich nehmen sollte. Im Winter ist es kalt, bitterkalt. Im Frühling ist es kalt und, wenn der Schnee schließlich doch schmilzt, mindestens so nass wie in Oulu. Im Sommer ist das Gebiet voller Mücken, ohne Ganzkörpernetz rauszugehen bei Blutarmut wahrscheinlich lebensgefährlich. Das Konzert in Levi nahm mir schließlich die Entscheidung ab. Zudem liebe ich den Herbst mit seinen intensiven Farben. Ganz anders als der braun-graue Frühling leuchtet die Natur im Herbst richtiggehend in den schillerndsten Farbtönen. Trotz der Farbenpracht hält er aber gleichzeitig auch eine Melancholie bereit, die wie geschaffen ist zum Nachdenken, Fühlen und Zu-sich-selbst-Kommen. Am Fuße des Berges, an dem der Wanderweg beginnt, zwänge ich mich durch einen Rentierzaun, an der Stelle eine Holzkonstruktion mit horizontalen Balken, die bei Bedarf zum Durchschlüpfen entfernt und anschließend wieder eingesetzt werden können. Der Weg führt weiter mehr oder weniger geradlinig durch den Wald nach oben und ist schweißtreibend. Rundherum eröffnen sich weitläufige Heidelbeergebiete, kräftig grüne Moose, in die man wie in ein weiches Bett tief einsinkt, und Bäume, die sich wie eine dunkle Höhle um einen schmiegen. Ich kann mich nicht des Dranges erwehren, ab und zu vom Weg abzuzweigen und Heidelbeeren zu sammeln. Dieses Jahr ist die Heidelbeersaison im ganzen Land zwar eher dürftig ausgefallen, dennoch finden sich hier und da vereinzelte Beeren, die meinen Sammeltrieb ansprechen und mir als Wegzehrung dienen. Je höher ich komme, desto karger wird die Landschaft. Wuchsen gerade noch riesige Bäume, ein richtiger Wald, um mich herum, sind es bald nur noch vereinzelte kleine Fichten, Kiefern und skelettartige Fjällbirken, die ihre bereits fast nackten Zweige in alle Richtungen strecken. Anstelle der Bäume treten nun vor allem Sträucher und Zwergsträucher, wie die jetzt knallrote *riekonmarja*, die ausschließlich in extrem nördlichen Regionen vorkommt. Die Herbstfarben nehmen im über sechshundert Meter hohen Tunturi-Gebiet im Glanz der Sonne eine völlig andere Sättigung an. Der Boden wirkt wie ein Teppich aus kräftigen Rot- und Orangetönen, die herrlich mit dem beruhigenden Grün der Nadelbäume und verschiedener Zwergsträucher sowie dem strahlenden Hellblau des Himmels kontrastieren. Als ich mich umsehe und mit einem weitläufigen Blick auf den Jerisjärvi-See und die umliegenden Fjällgebiete belohnt werde, kann ich nicht mehr leugnen, dass ich diesen Ort einfach wunderschön finde.

Der Pfad führt steiler denn je den Berg hinauf. Der Wind frischt Schritt für Schritt weiter auf und bläst kalt durch meinen Pullover. Obwohl ich glaube, die Spitze der Keimiötunturi bald erreicht zu haben, frage ich zur Sicherheit die mir entgegenkommende Wanderin, ob es noch weit ist. „Weit vielleicht nicht, aber steil!", schreit sie mir mit zusammengekniffenen Augen unter ihrer Kapuze zu und setzt ihren Weg fort. Der Wind wird mit jedem Meter stärker, saust nun in Böen über die Tunturi. Ich kraxle immer tiefer nach vorne gebeugt weiter, kämpfe gegen den Wind an, der mir nun wie ein Orkan erscheint. Schließlich sehe ich einen Berg aufgehäufter Steine. Das Ziel auf 613,5 Metern Höhe. Aufrechtstehend die Aussicht zu bewundern oder gar auf die andere Seite des Steinhaufens zu gehen, das traue ich mich nicht. Hier oben ist es so windig, dass ich Angst habe, plötzlich vom Berg geblasen zu werden. Stattdessen drehe ich um, mit dem Gesicht gegen die Sturmböen und mache mich an den Abstieg. Sehen und hören tue ich davon nicht viel. Der Wind bläst mir jegliche vorhandene Tränenflüssigkeit aus den Augen, bestenfalls sehe ich einen sich überraschend windenden Pfad zwischen verschwommenen Farben und höre ein in seiner Lautstärke unregelmäßiges, dabei immerwährendes Rauschen.

Nach einer Weile wird es angenehmer. Zwar mag ich mich immer noch nicht von meiner Kapuze trennen, die Windböen sind auch weiter unten stark und nach wie vor unberechenbar. Den schlimmsten Sturm scheine ich allerdings mit der Spitze hinter mir gelassen zu haben. Bei meinem Abstieg genieße ich vor allem nochmals die ungewöhnliche Landschaft. Als ich einige Meter vom Hauptweg abzweige und einem kleineren Pfad folge, um in das Farbenmeer einzutauchen, stehen sie ganz plötzlich vor mir. Drei braune und ein weißes. Rentiere. Ich bleibe wie angewurzelt stehen, um die halbwilden Huftiere nicht zur unmittelbaren Flucht zu verleiten, obwohl unzählige genervte Autofahrer wohl um jeden Tipp dankbar wären, um diese Tiere von den Straßen zu verscheuchen, auf denen sie oft keine Anstalten machen wegzulaufen. Ein braunes bleibt genauso wie ich stehen, zehn Meter von mir entfernt auf dem Weg, und mustert mich. Einen Moment lang starren wir uns reglos an, dann sucht das Rentier geschäftig weiter am Boden nach Flechten und folgt langsam aber stetig den anderen. Noch lange beobachte ich, wie die Rentiergruppe den Berg hinauftrottet und mit den grauen Gesteinen verschmilzt.

Am Abend, nachdem ich auf Einladung der Gastfamilie in die Sauna bereits vollkommen gereinigt und entspannt bin, treffe ich wieder auf Anja und Sini. Vom Fenster aus sehe ich sie mit ihren roten Pilzeimern zurückkommen. „Zwei Liter Preiselbeeren, ein Liter Heidelbeeren und die Pilze hier. Nicht schlecht, was? Jede Menge kostenloses Essen, direkt aus dem Wald." Anja zeigt mir stolz die heutige Ausbeute und fragt gleich, ob ich das Pilzgericht probiert habe, das sie während meiner Wanderung gekocht und von dem sie mir eine Portion übrig gelassen hatten. Dazu sei ich noch nicht gekommen, flunkere ich, denn eigentlich waren mir der Geruch und das Aussehen der schwarzbraunen Masse in der Pfanne bisher weniger verlockend gewesen. Ich war in den letzten beiden Stunden zu dem Ergebnis gekommen, dass Pilzgerichte von Anja und Sini zu den Dingen im Leben gehören, auf die man sich seelisch erst gründlich vorbereiten muss. Dazu ist nun keine Zeit mehr. „Da sind verschiedene Röhrlinge drin, Fenchel, Zwiebel, Fetakäse und Aubergine. *Maista!* Probier mal!" Gegen die Übermacht der beiden Pilzsammlerinnen habe ich keine Chance. Unzulänglich vorbereitet nehme ich ein weiches braunes Stück auf die Gabel und kaue darauf herum. Dann ein schwarzes. Ich schlucke alles herunter und trinke Wasser. „Und?" Anja sieht mich erwartungsvoll an. *„No, ei ehkä ihan mun lempiruokaa, mutta kiitos kuitenkin.* Ich glaube, ich mag einfach keine Auberginen." Mein Lieblingsessen ist es nicht gerade, das gebe ich gegenüber den beiden offen zu. Nach einigen weiteren Kostproben bin ich mir allerdings fast sicher, dass die Pilze darin aufgrund ihrer relativen Geschmacklosigkeit nicht daran schuld sind, dass ich von dem Gericht nicht restlos begeistert bin. Anja zeigt sich verständnisvoll. „Na ja, wie sagt man zu Kindern? Hauptsache, du hast mal probiert."

Den Rest des Abends werden die Pilze verlesen, geschnitten und getrocknet oder gekocht. Obwohl ich nach den beiden letzten Tagen und der Wanderung todmüde bin, bleibe ich mit Anja und Sini gerne noch einige Zeit im gemeinsamen Wohnzimmer. Wir unterhalten uns über alles Mögliche, vor allem aber über Wildkräuter und natürlich Pilze, die ein mir immer noch unbekanntes Land sind. Besonders Anja schöpft aus einem enormen Wissen und Erfahrungsschatz, der sich über Jahrzehnte angesammelt hat und den sie gerne weitergibt. Immer wieder zeigt sie mir Pilzstücke, erklärt, zu welcher Art diese gehören und wie sie sich von anderen unterscheiden. „Und diese hier", erläutert sie etwas später, *Matsutake*, dafür bezahlen die Japaner 600 Euro pro Kilo." 600 Euro! Ich frage nach dem Grund, warum man in Japan dafür so viel ausgibt. Anja zuckt mit den Schultern. „Die glauben halt, dass die eine luststeigernde Wirkung haben."

Plötzlich zuckt das Bild im Fernsehen, in dem gerade noch ein Film mit dem vor kurzem verstorbenen Robin Williams lief. Der Ton stottert, fällt schließlich ganz aus, das Bild zeigt willkürlich verzerrte Szenen. Schließlich bleibt es ganz stehen. Ich ignoriere die Flimmerkiste und halte die Störungen nach den letzten Besuchen bei meinen Eltern für das normale Verhalten eines Flachbildfernsehers. Auch die anderen sind zu sehr in ihre Arbeiten vertieft, um dem Geflacker Beachtung zu schenken. Nach einigen Minuten, in denen wir dem gleichmäßigen Summen des mit Pilzen gefüllten Dörrgerätes lauschen, steht Anja wortlos auf und geht nach draußen. Sini, die Stille, erzählt mir, wie sie gestern zum ersten Mal in ihrem Leben Nordlichter gesehen hat. Ich bin erstaunt, auch wenn ich weiß, dass beide aus dem Süden des Landes sind, wo die bunten Lichter am Himmel eher selten zu sehen sind. Anja kommt zurück. „Nichts zu sehen." In dem Moment fällt mir ein, dass ich gestern total vergessen hatte, meinen Blick nach oben zu richten. Für dieses Wochenende wurde eine gute Prognose für das Sehen von Nordlichtern sogar bis nach Hamburg gestellt. Wie ich das vergessen konnte, jetzt, da ich mich sogar im Norden von Lappland, jenseits von der Lichtverschmutzung großer Städte, aufhalte, das bleibt mir ein Rätsel. Auch ich gehe nun einige Male raus und laufe bis an die Straße und ein paar Meter weiter in die Dunkelheit. Der Vollmond scheint so hell, dass es schwierig ist, die Sterne zu erkennen, obwohl dazu jetzt einmalige Gelegenheit bestände. In Kaijonharju und am Kuivasjärvi brennen nachts so viele künstliche Lichter, dass bestenfalls die hellsten Himmelskörper zu sehen sind. Hier zwischen Levi und Muonio hingegen gibt es keine Straßenlampen, die einzigen Lichtquellen sind die umliegenden Häuser am Straßenrand und der Mond. Ich stehe da und sehe nach oben. Dem runden Mond nähern sich einige sich langsam vorwärts bewegende Wolken an. Nordlichter bleiben uns in dieser Nacht leider verwehrt, aber Ruhe, die hat man hier.

Am nächsten Tag verabschiede ich mich von Anja und Sini, die mir noch eine Kostprobe Pakuri-Tee mit auf den Weg geben. *Pakurikääpä* oder *Chaga* ist ein parasitärer Pilz, der auf Birken wächst und in der russischen Volksmedizin seit dem sechzehnten Jahrhundert eingesetzt wird. Auch meine beiden Mitbewohnerinnen für einen Tag reisen heute ab.

Für Anja hat sich ein neues Zuhause im Norden aufgetan, sodass sie sofort ihre Sachen zusammenpacken und hier oben neu anfangen will. „Alles Gute und geh bei Gelegenheit mal in einen Pilzkurs!", ruft mir Anja noch hinterher. Das verspreche ich, auch wenn ich mich in den vierundzwanzig Stunden unserer Bekanntschaft nur schwerlich an den umwerfenden Geruch von Waldpilzen in Pfannen und Töpfen gewöhnen konnte.

In der Abenddämmerung machen wir uns auf den Weg. Gehen aus dem Haus, diesmal unbeobachtet von der Hexe im Fenster, überqueren den Grillplatz, schleichen zwischen der Bücherei und der grauen Orang-Utan-Statue hindurch, an den türkisfarbenen Neonbuchstaben eines Supermarktes vorbei, sehen einige Nikotinabhängige im Biergarten von Caio frösteln und lassen auch die bereits geschlossene Apotheke und den erst vor kurzem eröffneten Second-Hand-Laden rechts liegen, bis wir schließlich an unserem Ziel ankommen. Ein Paar in grellgrüner Sportkleidung joggt mit einem Yorkshire Terrier vorbei, guckt zu uns herüber und läuft energisch weiter. Es bläst ein eisiger Wind, meine Finger sind trotz Handschuhe bereits steifgefroren. Atte hat einen Rucksack dabei und eine Plastiktüte. Im Halbdunklen sehen wir uns an. „Probierst du mal?", fragt Atte und packt die Plastiktüte aus. Ich stecke die kleine rote Kugel in den Mund, kaue, spucke sie aus. „Ziemlich bitter. Lass uns den Nächsten versuchen." Wir rücken mit unseren Utensilien einen halben Meter weiter, ich probiere wieder. „Der hier ist besser." Atte sieht nach oben, reißt dann das erste Büschel mit Mühe ab. „Gar nicht so einfach." Ich halte ihm die Plastiktüte auf, er lässt ein Bündel nach dem anderen hineinfallen. Der Sack füllt sich schnell mit der roten Beute, wird schwer und schwerer. Wir rücken von Baum zu Baum weiter. Während ich die Tüte halte, steckt Atte mir eine Beere in den Mund, ich kaue, spucke aus. Schließlich kann ich zur geschmacklichen Qualität beim besten Willen nichts mehr sagen. Mein Mund ist voller Bitterkeit. Atte probiert, lässt die Kugel in seinem Mund zergehen, gibt anschließend sein Okay. Meine Hände werden allmählich zu Eisklumpen. Ganz plötzlich ist es kalt geworden, buchstäblich vom einen auf den anderen Tag. Der Nachtfrost kam vor zwei Tagen. Morgen soll es den ersten Schnee geben. Atte pflückt weiter, reißt mehr und mehr Trauben von Beeren samt Blättern vom Baum. „Noch den da, dann haben wir sicher genug."

Atte und ich haben in diesem Herbst ein neues Projekt: Wir wollen unseren eigenen Wein machen. Als Atte sich bei einem Verwandtenbesuch in Jyväskylä deshalb bei seinem Vater erkundigte, wie dieser früher Fruchtweine herstellte, kam er wenig später mit einem Dampfentsafter, den die Familie sowieso bald entsorgen wollte, einem Dreißig-Liter-Gärgefäß und einem Weinbuch aus den Fünfzigerjahren wieder. Nun blieb nur noch die Frage: Woraus sollte unser erster Wein gemacht werden? Während eines abendlichen Spaziergangs in Kaijonharju fiel es Atte ein. Warum nehmen wir nicht einfach die *pihlajanmarjat* (Vogelbeeren)? Die sind umsonst, werden sowieso wie jedes Jahr von niemandem gepflückt, und man bekommt schnell riesige Mengen zusammen. Ich war von der Idee begeistert. Da die Beeren an sich selbst nach dem ersten Frost, der den Geschmack angeblich verbessern soll, relativ bitter und alleine nicht sonderlich wohlschmeckend sind, würden wir zum Beispiel Äpfel dazu nehmen müssen. Auch die winzigen, aber aromatischen finnischen Äpfel haben gerade Saison.

Am nächsten Tag sitze ich auf dem Küchenboden und trenne die Vogelbeeren von ihren Stängeln, während draußen der Wind weiße Flocken durcheinanderwirbelt. Nach zwei Stunden sind anderthalb Eimer entstängelt, gewaschen und zur Entsaftung bereit. Am Abend frieren wir drei Liter Vogelbeersaft ein. Laut Attes Vater brauchen wir insgesamt dreizehn Liter Saft. Daher können wir unser Glück nicht fassen, als kurze Zeit später die einheimischen Äpfel im Sonderangebot sind. Jeden Tag kaufen wir kiloweise Äpfel, aus Angst, das Angebot könnte zu seinem Ende kommen, bevor wir zehn Liter Apfelsaft zusammen hätten. In unserer Küche türmen sich Tüten voller Äpfel, auf dem Küchentisch, neben den Herdplatten und der Spüle. Täglich kommen neue dazu, die weitere Teile unserer Wohnung übernehmen und unter sich begraben. Zum Glück ist es noch nicht zu spät, alle Räumlichkeiten noch betretbar, als wir endlich mit dem Entsaften anfangen. Drei Abende dauert es, bis wir uns von der Äpfelflut endgültig befreit haben. „Und jetzt?", frage ich Atte. Er will sich in einem Fachgeschäft nach der richtigen Hefe erkundigen. Als wir auf der Internetseite des Geschäfts nach den Öffnungszeiten fahnden, stellt sich heraus, dass der Laden vor kurzem Ausverkauf hatte und letzten Donnerstag zugemacht hat. Jetzt ist Sonntag. *„No voi perkele! Miksi juuri nyt ...",* flucht Atte. Warum denn gerade jetzt? Wir beratschlagen, was nun zu tun sei. Wir könnten die Hefe im Internet bestellen oder in den größeren Supermärkten nachsehen. Während wir noch hin und her überlegen, koche ich Marmelade aus Vogelbeeren und – aus Gewohnheit hatte ich einen weiteren Sack gekauft – Äpfeln. Als ich die heiße Masse probiere, bin ich erstaunt. Erst süß, dann herb im Nachgeschmack, aber bei weitem nicht so scheußlich wie die rohen Beeren suggerieren. Auch wenn die Blaubeerausbeute dieses Jahr schlecht ausgefallen ist, kann ich meine Verwandtschaft wieder mit Marmelade versorgen.

„HOPP HOPP HOPP!" Es ist Dienstagnacht zwanzig nach eins, ich bin gerade eingedöst, als unten in der Nähe des Parkplatzes Menschenstimmen zu vernehmen sind, die sich langsam durch den Halbwachzustand zu meinem Bewusstsein vortasten. Allerdings nicht so feinfühlig, als dass ich nicht fünfzehn Sekunden später am Fenster stehe und nachsehe, was da vor sich geht. Wenn man in Kaijonharju wohnt, ist es an sich nichts Ungewöhnliches, dass man nachts durch lautes Rufen, Singen oder Schreien geweckt wird. Kaijonharju ist wie ein schrulliges Dorf, denke ich manchmal. Übersichtlich, aber immer ist etwas los. Im Sommer verlegen die hässlichen Männer und Frauen von Kaijonharju und Kuutio-Stammkunden gerne ihre täglichen Versammlungen auf die Grasfläche in der Nähe ihrer Lieblingskneipe und wetteifern laut bei einer Runde *mölkky*, mal spielt jemand draußen Trompete, sogar obwohl er das eigentlich gar nicht kann, ein anderes Mal ruft jemand nachts um drei verzweifelt nach Jukka. Erst noch gedämpft, dann immer lauter werdend. Jukka! JUKKA! Bis die Serenade nach einer Viertelstunde gequält abebbt. Jukka ... Jukka. Jukka tauchte in dieser Nacht übrigens nicht auf.

Als ich diesmal vom Balkon heruntersehe, läuft dort eine rund dreißigköpfige Mannschaft junger Männer im Pferdegalopp die Straße entlang. Einförmig bewegt sich die homogene Gruppe wie ein Sportverein hinter der Baumreihe im Schein der Straßenlaternen, laut schallen die Anfeuerungsrufe im Rhythmus des Langlaufes. Hopp Hopp Hopp. Hopp Hopp Hopp. Bekleidet sind die Männer mit nichts als einer weißen Mütze mit schwarzem Bommel, und die tragen sie auf dem Kopf. Gleich einem zu kurz geratenen Tausendfüßler biegt die Truppe zielstrebig in unsere Straße ein, spurtet zügig immer weiter und verschwindet schon bald aus meinem Blickfeld. Einige Nachzügler kürzen noch über den Parkplatz ab, einer davon legt einen Stopp ein und pinkelt an einen der Pfosten, an denen im Winter die Autos zum Aufwärmen des Motors angeschlossen werden. Hopp Hopp Hopp. Als die Anfeuerungsrufe in der Ferne abebben, schließlich irgendwo zwischen Caio und der farbenfrohen Universität verdampfen und ich mich nach dem kurzen Intermezzo wieder hinlege, muss ich an die Hexe denken. Ausgerechnet ihr Fenster liegt zur anderen Seite des Hauses hinaus.

Lokakuu

Vom nordsamischen Vokalstreit, dem Wintereinbruch und wie Finnland in eine Whiskykrise geriet

„Syksyn lämpö kestää jouluun!" Während ich meine Handschuhe ausziehe, starre ich die erste Seite der *Ilta-Sanomat* an. Wärme? Die Schreiber dieser Schlagzeilen wohnen mit Sicherheit nicht in Oulu. Die warmen Temperaturen, die nun im finnischen Boulevardblätterwald herrschen, sollen uns noch bis Weihnachten erhalten bleiben. Wo genau diese Wärme sich befindet, steht natürlich nicht auf der ersten Seite, aber ich nehme fast an, die zuständigen Journalisten sonnen sich gerade in Helsinki, dem Mittelpunkt des Landes. Die Rentiergebiete, die wie manche behaupten für die Helsinkier spätestens auf der Höhe von Jyväskylä anfangen, sind da vernachlässigbar. Mit dieser Sichtweise sind wir in Oulu bereits in der tiefsten und undurchdringbaren Wildnis, weitab von jeglicher Zivilisation, während sich in Lappland unausweichlich der Nordpol befinden muss.

Dem neuen Kammonen seine Frau, so würde man sie zumindest im Rheinland nennen, begegnete mir heute zufällig im Aufzug. Die neuen Kammonens wohnen im sechsten Stock, da blieb genug Zeit, sich über die aktuelle Wetterlage zu unterhalten. „War bestimmt frisch draußen", bemerkt sie mit einem Stapel frisch gewaschener Wäsche in der Hand. Ich nicke. Das war es. Heute Morgen kaum über Null, inzwischen durch die Sonne etwas wärmer. Der Aufzug surrt. *„Talvi tulee ... Ei voi mitään"*, stellt sie nach kurzer

Denkpause resigniert fest und steigt mit ihrem Wäschehaufen aus. Der Winter kommt, da kann man nichts machen.

Doch heute ist es weniger die Kälte, sondern vor allem der Illativ, der mir die Nackenhaare aufstellt. Nicht etwa der finnische Illativ, sondern der nordsamische. Der Illativ löst bei Studenten des Nordsamischen ungefähr die gleichen Gefühle hervor wie der Partitiv bei Finnisch-Studenten: Verzweiflung, Niedergeschlagenheit und manchmal auch ein bisschen Hass. Während die Probleme des finnischen Partitivs eher im Gebrauch liegen, finden sich die Schwierigkeiten des nordsamischen Illativs ganz klar im Bau der grammatischen Form. Genau wie das Finnische sind die samischen Sprachen agglutinierende Sprachen, bei denen eine Vielzahl von Informationen direkt am Ende des Wortes klebt anstatt wie im Deutschen durch Präpositionen ausgedrückt zu werden. Will man im Nordsamischen irgendwohin gelangen, oder auch nur etwas mögen, dann muss man unbedingt den Illativ beherrschen.

 Am Anfang steht das Wort. Unschuldig und unberührt räkelt es sich in der Grundform auf dem Papier. Mit der unscheinbarsten aller Formen befindet man sich auf dem besten Wege, einen korrekten Illativ zu bilden, denn sie steht bei Wörtern mit gerader Silbenanzahl bereits in der richtigen, der sogenannten starken Stufe. Die Endung für den Illativ in der Einzahl ist –i. Nun darf man aber nichts überstürzen und diesen Buchstaben auf gar keinen Fall einfach an das Wort anhängen, da die beiden sich unter Umständen nicht miteinander vertragen. Schnell kommt es zum Zwist zwischen den Buchstaben, und der Kampf ist sofort verloren. Gut mit dem finalen –*i* verstehen sich nur *á*, *i* und *u* und können direkt mit diesem vergesellschaftet werden. Ein *a* am Ende ist über die Anwesenheit eines *–i* dagegen meistens so verärgert, dass es rapide abnimmt und selbst zum *i* wird. Genauso ergeht es dem *e*. Das *o* ist da schon weitaus offener. Es wird augenblicklich zum u, wenn es ein *–i* in seiner Nähe sieht. Hat man die Endbuchstaben schließlich erfolgreich versöhnt, lohnt es sich, einen genaueren Blick auf das frischgebackene Paar zu werfen. Sieht man es nun als *ii* oder *ui* zusammen, sollte man vorsichtshalber auch die Mitte des Wortes beobachten. Befindet sich dort nämlich ein Diphthong, also zwei verschiedene Vokale hintereinander, verschwindet der hintere Partner des ungleichen Paares sofort und zumindest für die Singularform absolut unwiederbringlich. Was aber, wenn man nun noch viel mehr mögen will, also nicht nur in der Einzahl, sondern auch in der Mehrzahl? Tja, das kann man leider nur in der schwachen Stufe. Für diesen vermeintlichen Treppenwitz braucht man nun entweder eine Tabelle mit sämtlichen nordsamischen Stufenwechseln oder ein gutes Gedächtnis. Da sieht man nach, in welcher Weise sich der Wortstamm verändert. Im Finnischen steckt beim Stufenwechseln eine gewisse Logik dahinter, konzentrieren sich die Veränderungen weitgehend auf die Buchstaben *k*, *p* und *t*. Dabei werden es meistens weniger Buchstaben, oder die Kombination wird phonetisch weicher. Im Nordsamischen ist der Stufenwechsel weitaus komplexer, für mich bisher unberechenbar. In manchen Fällen wird aus einem Doppelkonsonant ein einzelner, in manchen Fällen aus einem einzigen ein doppelter, in anderen Fällen ändern sich die Buchstabenreihen nach einer Geheimformel, die wahrscheinlich nur Samen kennen, und in noch anderen ergeben sich auch überhaupt keine Veränderungen, ganz egal, wie lange man sich die Stufenwechseltabelle ansieht. Wie es sich mit einer bestimmten Buchstabenfolge verhält, darüber kann man bestenfalls wilde Vermutungen anstellen. Aber nehmen wir mal an, wir wissen oder haben nachgesehen, wie sich die schwache Stufe gestaltet. Dann ist der nächste Schritt die vorsichtige Heranführung der geheimen Buchstabenkombination an das Ende des Wortes. Behutsam schmiegt sich diesmal das Suffix *–ide* an das Wort an. Mit *–ide* verstehen sich die meisten Buchstaben bedeutend besser als mit *–i*. Alleine das *e* und das *o* machen Probleme, wobei das *e* nach kurzem Kampf aufgibt und sich ebenfalls in ein *i* verwandelt. Das *o* hingegen rebelliert so lange, bis es den Kopf verliert und so zum *u* wird. Nach all der Aufregung steht das sich gerade frisch gefundene Vokalpaar abermals im Zentrum des Interesses. Handelt es sich dabei um zwei *i*, ist im Zusammenhang mit mittigen Diphthongen Vorsicht geboten. Schnell kommt es zur Scheidung, und wieder ist es der hintere Partner, der das Weite sucht. *Seaŋga*, das nordsamische Bett. *Seŋgii*, ins Bett, *seaŋggaide*, in die Betten. Nach so viel Vokal-Streiterei bin ich oft froh, wenn ich mir einfach mal eine korrekte Illativform auf dem Papier ansehen kann, ohne fürchten zu müssen, dass es gleich wieder Ärger gibt.

Seit mehr als elf Jahren studiere ich Finnougristik, ohne je an einer Uni für das Fach eingeschrieben gewesen zu sein. Mit Finnisch fing es an. Ich wollte diese Sprache unbedingt lernen, ohne zu wissen, auf was ich mich da einlassen würde. Obwohl ich mich in den ersten Jahren sprachlich noch auf wackeligen Krücken vorwärts bewegte, begann ich bald die Logik dieser Sprache voller Kasusendungen zu begreifen und sah dann auch die unbestreitbaren Vorzüge gegenüber den romanischen und germanischen Sprachen, die mir bis dahin zur Auswahl gestanden hatten. Ich bin ein ordnungsliebender Mensch. Warum quälen wir uns mit

Dutzenden von Präpositionen herum, diesen fiesen kleinen Wörtern, die kreuz und quer über den Satz verteilt sind, wenn wir stattdessen Suffixe anschließen können und so mit weniger, kompakten Wörtern auskommen, die leichter übersichtlich angeordnet werden können? Ganz zu schweigen von Artikeln in vielen unterschiedlichen Ausführungen, die schon unendlich viel Leid über Deutschlernende gebracht haben, während das Finnische so ganz ohne Artikel auskommt.

Das Finnische war mein Einstieg in die Welt der finno-ugrischen Sprachen. Seitdem bin ich von der stilvollen Grammatik dieser Sprachgruppe nicht mehr losgekommen. Wie eine Süchtige fiel ich auch über das Estnische her, dann über das Ungarische, und nun bin ich also bei Nordsamisch angekommen. Vor vielen Jahren, als ich mich schon einmal für die Sprache interessierte, habe ich mich abschrecken lassen. Von den exotischen Wörtern, die ich mir beim besten Willen nicht merken konnte. Von den Dutzenden verschiedenen Varianten des prinzipiell gleichen Verbs, die alleine deshalb existieren, um auch die kleinste Nuance der entsprechenden Tätigkeit auszudrücken. Also davon, dass man in Lappland nicht einfach nur springt, sondern anfängt zu springen, große Sprünge macht oder kleine tippelnde, weite oder kurze, schnelle oder langsame, dass man mehrere Male springt oder nur einmal oder ständig. Und nicht zuletzt davon, dass die Samen nicht nur von mir und uns sprechen, sondern eben auch von uns beiden. Der Dual, der in vielen anderen Sprachen längst verloren gegangen ist, wird in den samischen Sprachen noch heute genutzt und lässt damit die Anzahl der zu lernenden Personalendungen von sechs auf neun anwachsen. Nach dem Anfängerkurs warf ich das

Handtuch, solch eine Quälerei wollte ich mir nicht noch ein weiteres Semester antun. Bei meinem ersten Versuch damals waren wir sechs Studenten. Diesen Herbst melde ich mich mit den besten Vorsätzen und einer gehörigen Portion Masochismus zum zweiten Mal beim Anfängerkurs an, gar mit der Absicht, Nordsamisch als nachträgliches Nebenfach zu studieren. Als ich zur ersten Stunde erscheine, platzt das Zimmer aus allen Nähten. Siebenunddreißig Studenten wollen aus den verschiedensten Beweggründen die am meisten verbreitete der samischen Sprachen lernen. Als die überwältigte Dozentin nach dem Warum fragt und anschließend einen größeren Raum organisiert, kristallisieren sich einige Gründe heraus. Viele haben samische Verwandte und wollen die ursprüngliche Sprache ihrer Familie wiederbeleben. Die anderen studieren im Hauptfach Finnisch, zu dem in den vertiefenden Studien eine Einführung in eine verwandte Sprache gehört, in Oulu entweder ins Nordsamische oder ins Ungarische. Nordsamisch erschien verblüffend vielen als das kleinere Übel.

Unsere Lektorin stammt aus Inari und erzählt gerne aus ihrem eigenen Leben. Als Kind einer finnischen Mutter und eines samischen Vaters passierte ihr, was zu dieser Zeit fast passieren musste: Sie wuchs mit Finnisch als einziger Muttersprache auf. Ihre Großeltern und ihr Vater sprachen noch Nordsamisch, während sie selbst die Sprache erst im Erwachsenenalter an der Ouluer Universität gelernt hat. Wie es damals die Regel war, wohnte auch sie jahrelang in einem an die Schule angeschlossenen Wohnheim in Ivalo, hatte aber den psychologischen und praktischen Vorteil, Finnisch bereits von klein auf gelernt zu haben und die Lehrer zu verstehen. Nach den Kriegen wurden unzählige Kinder aus samischen Familien mit sieben Jahren oder noch jünger im

Zuge der damaligen Assimilierungspolitik auf Internate geschickt, in denen es strengstens verboten war, Samisch zu sprechen. Kommunikations- und Unterrichtssprache war die Mehrheitssprache des Landes, Finnisch, obwohl die Schüler mit samischer Abstammung oft bei Eintritt in die Schule kein Wort Finnisch verstanden. Genauso sollte auch in den anderen nordischen Ländern die samische Minderheit an die Mehrheitsbevölkerung angepasst und sprachlich und kulturell in Norweger oder Schweden umgewandelt werden. Für die Kinder bedeutete das jahrelange Getrenntsein von ihren Familien in frühem Alter natürlich oft ein Trauma, und die auch schon lange vorher praktizierte Unterdrückung hinterließ bei der gesamten Urbevölkerung einen Minderwertigkeitskomplex, über den auch nach den vielen Jahrzehnten der Zwangsassimilierung nur schwer hinwegzukommen war. Als weitere Konsequenz gaben viele stigmatisierte Eltern nicht das Samische an ihre Kinder weiter, sondern die Mehrheitssprache. Von Zweisprachigkeit hielt man damals nichts. Trotz aller später begonnenen Revitalisierungsmaßnahmen sind heute die meisten der noch existierenden samischen Sprachen vom Aussterben bedroht und haben teilweise nur noch eine Handvoll Sprecher in bereits höherem Alter, mit deren Ableben auch die Sprache aller Wahrscheinlichkeit nach erlöschen wird. Zu der sprachlichen Unterdrückung kam und kommt auch weiterhin die industrielle Erschließung von immer neuem Gelände, das zu den ursprünglichen Rentiergebieten der Samen gehört und andere traditionelle Erwerbsquellen wie etwa Fischfang einschließt. Staubecken oder Bergwerkaktivitäten beispielsweise bedeuten nicht nur eine ökologische Katastrophe für diese noch nahezu unberührten Regionen, sondern sie beschränken und zerstören zudem die letzten Ausläufer der traditionellen Lebensweise der ursprünglichen Bevölkerung im Norden. Ein Großteil der heutigen Samen lebt natürlich nicht mehr so wie früher, und durch die Migration in den Süden wird Helsinki heute gerne scherzhaft als das größte Samendorf Finnlands bezeichnet. Dennoch ist die Rentierhaltung für viele Samen in Lappland außer einer reinen Erwerbsquelle auch ein wichtiger Identifikationsfaktor.

Je mehr ich mich mit der Situation der Sprachen der Samen in den nordischen Ländern beschäftige, desto mehr sehe ich das von unzähligen anderen Beispielen bereits gewohnte Bild vor mir: Es scheint, als hätte man den Wald erst mit aller Gewalt niedergeschlagen, dann in einem Anflug von Vernunft den letzten übrig gebliebenen Baum stehen gelassen, nur um festzustellen, dass dieser einsame Baum sich nicht von heute auf morgen einfach so wieder zu einem Tausende Hektar großen Wald entwickeln kann. Obwohl gerade vor ein paar Tagen mitgeteilt wurde, dass an der Ouluer Uni ab 2015 erstmals Grundstudien in Skoltsamisch für Muttersprachler möglich sind, scheint es um die samischen Sprachen nicht gut zu stehen. Zwar hat sich das System von sogenannten Sprachnestern, in denen Kindern im Vorschulalter eine vom Aussterben bedrohte Sprache samt der entsprechenden Kultur spielerisch beigebracht wird, bewährt, dennoch wird an derartigen Wiederbelebungsmaßnahmen und Schulunterricht in den samischen Sprachen gerne gespart, was die Situation von Minderheitssprachen stark verschlechtert. Zuletzt und in noch nicht allzu langer Vergangenheit erlosch Akkalasamisch, eine Sprache, die auf der russischen Seite des Samengebietes gesprochen wurde. Bis heute verblieben sind neun samische Sprachen, von denen drei in Finnland gesprochen werden: Nordsamisch, Inarisamisch und Skoltsamisch. Für das Nordsamische, die am weitesten verbreitete aller samischen Sprachen und „Lingua franca" unter den Samischsprechern, stehen die Chancen vergleichsweise gut, in naher Zukunft nicht zu verschwinden. In Finnland sprechen ungefähr siebzig Prozent aller Samischsprecher Nordsamisch, der Rest entfällt in gleichen Teilen auf Skolt- und Inarisamisch. Wie sehr sich die Sprachen voneinander unterscheiden, das wird mir erst so richtig bewusst, als ich mein Lehrbuch zum ersten Mal aufschlage. „*Gielddadállu*", Gemeindeamt, steht da auf einem blauen Schild auf Nordsamisch, gefolgt von „*Kundávirgádáh*" und „*Kå'ddpravleen'ja*" auf Inari- beziehungsweise Skoltsamisch. Bei dieser Diskrepanz fällt es mir nicht schwer zu glauben, dass die meisten der samischen Sprachen gegenseitig nicht verständlich sind, auch wenn sie immer wieder gerne als „das Samische" in eine linguistische Schublade gesteckt werden.

Seit Donnerstag scheinen wir eine neue Biotonne zu haben. Keinen weißen Eimer, wie er auch immer noch, ausgekleidet mit einer Doppellage Zeitungspapier, unter der Spüle steht. Bei uns verschwinden neuerdings alle Möhren- und Apfelschalen, Zucchini-Endscheiben, Basilikumstängel und eigentlich alles, was selbst Onni nicht mag und deshalb bisher im Eimer landete, in einem weiß-rötlich-dunkelbraunen Fellbündel, das auf den Namen Hemppa hört. Wenn man es genau nimmt, hört es eigentlich auf jeden Namen und überhaupt alles, was so gesprochen wird. Von Senior Aapo mussten wir uns trotz seiner Rüstigkeit im hohen Alter letztendlich doch verabschieden. Nach einem sieben Jahre und sechs Wochen langem Meerschweinchenleben war er im September für immer eingeschlafen und hinterließ Onni, der leider nicht zum ersten Mal einen Artgenossen verlor.

Sein langjähriger Wegbegleiter Mauri ist so eine Figur, die einem nach vielen Jahren noch fast genauso lebhaft im Gedächtnis bleibt wie zu Lebzeiten. Denn Mauri blieb nicht in der Küche wie die anderen Meerschweinchen. Mauri ließ nichts auf dem Boden so stehen wie die anderen Meerschweinchen. Mit selbstbewussten Trippelschritten und flatternden Ohren kam er demjenigen entgegengelaufen, der die Kühlschranktür aufmachte, umkreiste die Füße ein paar Mal und zwickte dem zu Langsamen frech in die Zehen, um ihn zur Eile anzutreiben. Genauso selbstsicher waren seine Auftritte in anderen Zimmern bei Nahrungsknappheit oder auch akuter Langeweile in der Küche. Hörte man die schwarzen Pfötchen näherkommen, wusste man Bescheid. Ein paar Sekunden später stand Mauri in der Tür. Tippelte durch das Zimmer, quiekend und Aufmerksamkeit heischend von dem Mangel berichtend. Machte man schließlich Anstalten mitzukommen, rannte er halb tänzelnd und fröhlich-zufrieden den anderen die frohe Botschaft verkündend wieder zurück in die Küche. Dazu kamen eine unendliche Neugier, die sich nicht nur in fast umgekippten Gläsern und nachmittäglichen Mauri-Suchaktionen manifestierte, sowie eine durchgehend positive Einstellung, die selbst während der Monate mit immer wiederkehrenden Zahn- und Kieferproblemen kaum abnahm. Manchmal kann ich gar nicht glauben, dass das „schwarze Monster" nur etwas über ein Jahr bei uns war.

Für Onni musste nach Aapos Tod ein neuer Freund gefunden werden. Meerschweinchen sind im hunde- und katzenlastigen Finnland keine allzu gängigen Haustiere, ein Besuch im Tierheim hätte daher kaum etwas gebracht. Onni hatte ich damals zusammen mit Mauri in Vaasa abgeholt, Aapo in Tampere, also an Orten, die sich Hunderte von Kilometern von Oulu entfernt befinden. Direkt von Züchtern ein junges Meerschweinchen zu kaufen, schloss ich von vornherein aus. Also hielt ich die Augen offen und durchforstete regelmäßig Internetforen und Anzeigetafeln nach Abgabeschweinen. Schließlich wurde ich eines Nachmittags fündig: Eine Frau aus Liminka suchte aus Zeit- und Platzmangel ein neues Zuhause für Hemppa, fünf Jahre, in dem er den Rest seines Lebens verbringen könnte. Über der Anzeige ein kunterbuntes Schweinchen auf einer Bettdecke. Trotz meiner augenblicklichen Begeisterung entschied ich mich dazu, erst mal eine Nacht darüber zu schlafen. Auch am nächsten Tag ging mir das Schwein nicht aus dem Kopf, und ich schrieb die Frau an. Erzählte ihr von Onni, nun viereinhalb, und einer möglichen Zusammenführung mit Hemppa, den wir liebend gerne bei uns aufnehmen würden. Die Frau zeigte sich zunächst zurückhaltend, versprach aber, zwei Tage später mit dem „leicht übergewichtigen, aber gesunden" Hemppa vorbeizukommen.

Als Hemppa und Onni sich zum ersten Mal sehen und riechen, fiepen beide vor Aufregung. Die Gewöhnungsphase von zwei Meerschweinchen-Männchen kann sich nach meiner Erfahrung über Wochen, manchmal sogar über Monate hinziehen, bevor sie sich letztendlich dann doch vertragen, berichte ich der Frau sicherheitshalber noch einmal, bevor wir Hemppa sein neues Zuhause beschnüffeln und erkunden lassen. Onni wird so unruhig, dass wir ihn auf den Boden setzen, wo er zielstrebig in Hemppas Transportkiste springt und konzentriert erforscht, wer zuerst dort gewesen ist und wo derjenige jetzt ist. Hemppa frisst Heu und ist sofort zuhause. Onni folgt dem Mümmelgeräusch, landet elegant wie immer im Käfig, und zettelt umgehend einen Streit an. Quietschend springen die beiden umeinander, aufeinander, jagen sich und klappern mit den Zähnen. Die üblichen Drohgebärden und Machtkämpfe, beschwichtigt Atte die Frau, die gebannt das hin und her sausende Fellknäuel beobachtet. Nach ein paar Minuten ebbt das Quieken und Zähneklappern ab. „Na, vielleicht vertragen sie sich ja doch. Übrigens, meine Tochter hat gesagt, ich soll euch diesen Brief von ihr geben." Sie reicht uns einen kleinen Zettel, auf dem in Kinderschrift zu lesen ist: *„Pitäkää pienestä pemuli-pojastani hyvää huolta. Terv. Julia, Hempan omistaja* – Passt gut auf meinen kleinen Pemuli auf. Grüße Julia, Hemppas Besitzerin". Die Frau klärt uns noch über die zahlreichen Kosenamen auf, die Julia für das kleine Schwein in Gebrauch hatte, und wirft den beiden Raufbolden dabei einen weiteren Blick zu. Hemppa frisst in aller Seelenruhe weiter Heu, Onni liegt platt und im Halbschlaf in der Ecke. Warum genau sie ein neues Zuhause für Hemppa suchte, möchte ich noch wissen. „Ach, ihr wisst doch, wie das ist. Erst wollen die Kinder Haustiere, dann werden sie älter, treffen sich nur noch mit ihren Freunden und kümmern sich nicht mehr um die Tiere. Ich habe einfach keine Zeit, mich um alles zu kümmern. Hier ist Hemppa wohl besser aufgehoben, wenn er sich mit Onni versteht." Ich verspreche zu berichten, wie der Annäherungsprozess fortschreitet. Abends gibt es noch einige Streitereien, dann kehrt Ruhe ein. Atte wundert sich. „Das kann es doch noch nicht gewesen sein, oder? Die sitzen beide zusammen und fressen und zickeln sich nicht mal." In der Tat ist außer gelegentlichem Gurren nichts mehr zu hören. Es scheint so, als wäre Hemppa schon immer hier gewesen. Ganz selbstverständlich und selbstbewusst sieht er auf, wenn jemand die Küche betritt, bettelt um Futter und unterhält sich mit Onni, der es völlig normal zu finden scheint, dass er sich nun alles mit Hemppa teilt. Eines habe ich in der Aufregung ganz vergessen zu fragen. Was Hemppa denn so am liebsten frisst und was er gar nicht mag. Onni ist da sehr wählerisch. Zucchini nein, Möhren nur, wenn nichts anderes verfügbar, Gurke ja, aber eher nicht, wenn es auch Gras gibt. Um Hemppa brauche ich mir mir fütterungstechnisch überhaupt keine Gedanken zu machen, bemerke ich schon nach zwei Tagen. Er verschlingt alles mit Begeisterung. Zucchini, aber selbstverständlich. Gurke, klar. Salat, liebend gerne. Sogar die Basilikumstrünke, die sonst immer im Biomüll landen, weil die kein Schwein essen will, verschwinden mit rasender Geschwindigkeit in Hemppas Mund. Ganze Weintrauben werden auf wunderliche Weise in sein eigentlich so kleines Maul eingesogen und innerhalb kürzester Zeit vernichtet. Ich bin mir fast sicher: Hemppa würde uns die Haare vom Kopf fressen, wären sie nicht außerhalb seiner physischen Reichweite.

„*Aika siistiä*, klasse Idee!", kommentiert Attes Bruder Pasi, als wir uns zusammen ein Konzert von den Toten Hosen in Düsseldorf angucken. Auf der DVD ist zu sehen, wie sich in der riesigen Arena ein Mann mit einem Fass auf dem Rücken seinen Weg durch die feiernde Menge bahnt und dabei Bier an die Zuschauer verkauft. „Ja, das sollten wir auch in Finnland haben. Aber davon können wir hier mit unseren Biergefängnissen ja leider nur träumen", antwortet Atte. „Und dann die Flaggen, die die da schwenken und dass Leute auf jemandes Schultern hochgehoben werden ..., vollkommen undenkbar." „Hier ist halt alles verboten. Jeglicher Spaß wird unterbunden, und jetzt darf man auch schon nicht mehr ‚*viski*' sagen."

Mit dem Wort „Whisky" öffnen sich neue Abgründe.

Diesen Monat diskutiert ganz Finnland mal wieder über die aktuelle Alkoholpolitik. Diesmal geht es zur Abwechslung nicht um einen neuen Gesetzesvorschlag, das *„keskiolut",* das Mittel- oder Dreierbier mit 3,7 bis 4,7 Prozent Alkoholgehalt, in die Läden des staatlichen Alkoholmonopols mit dem treffenden Namen *Alko* zu verbannen, oder um eine weitere Anhebung der sich ohnehin in astronomischen Höhen bewegenden Alkoholpreise. Durch ein neues Alkoholgesetz, das Anfang 2015 in Kraft treten soll, wird Werbung für alkoholische Getränke in Finnland fast ausnahmslos verboten. Bisher betraf das Werbeverbot nur Getränke über 22 Prozent. Durch dieses bereits seit vielen Jahren gültige Gesetz waren die Veranstalter der *„Olut ja Viski Expo"* in Helsinki gezwungen gewesen, im offiziellen Namen und Logo des Festivals nur noch von Bier, aber nicht mehr von Whisky zu sprechen. So weit, so finnisch. Als nun zwei Blogger, die in keinem geschäftlichen Verhältnis zu dieser Expo standen, sich im Vorfeld im Internet über die Veranstaltung ausließen und in dem Zusammenhang das alte Logo verwendeten, wurden sie von der zuständigen Überwachungsstelle gebeten, dieses von ihren Seiten zu entfernen. Täten sie dies nicht, würde den Veranstaltern der Expo das Ausschankrecht entzogen. So stellte die auflagenstärkste finnische Tageszeitung *Helsingin Sanomat* die Geschehnisse dar.

Was folgte, war ein Aufschrei der Empörung, wie man ihn in Finnland selten erlebt. *„Viski"* war in aller Munde, und vor allem wurde über die Bevormundungspolitik geschimpft, die auch nach überwältigend langer Zeit zu keinen zufriedenstellenden Ergebnissen geführt hat, das zielstrebige Trinken bis zur totalen Betrunkenheit einzudämmen. Hohe Steuern und damit schwindelerregende Preise von alkoholischen Getränken, zeitliche Beschränkungen bezüglich des Verkaufs (zwischen 21 Uhr abends und 9 Uhr morgens wird das Bierregal in Supermärkten verdeckt) und die klare Abgrenzung von Terrassen mit Alkoholausschank durch Gitter und eingezäunte Ausschankbereiche auf Konzerten und Festivals haben wenig geholfen, dem König Alkohol seine Faszination zu nehmen, ganz im Gegenteil. Dass die Finnen kein normales Verhältnis zu diesem Genussmittel aufbauen konnten, liegt nach Meinung vieler vor allem an der absurden Alkoholpolitik, die alles dafür zu tun scheint, den Mythos der verbotenen Frucht aufrechtzuerhalten.

„Willkommen in Finnland, dem Nordkorea von Europa", witzelten daher manche in den letzten Tagen süßsauer, als bekannt wurde, dass zudem Homepages von verschiedenen Spirituosen sich in Finnland aufgerufen nur mit dem Vermerk öffnen, dass die Alkoholgesetze in diesem Land den Inhalt dieser Seite nicht erlauben. Bis zum nächsten Jahr werden unzählige biertransportierende LKWs logofrei umgestrichen werden müssen, auch das angeblich, um Jugendliche nicht zum Alkoholkonsum zu verleiten. Das gleiche Schicksal wird den riesigen, als Bierdose getarnten Wasserspeicher der Brauerei Kukko und andere als Werbung zu deutende Bauten ereilen. Auch hier muss das Logo demnächst gesetzeskonform überpinselt werden. Szenarien, in denen unifarbene Bierdosen in Supermärkten in einen eigenen Raum verbannt werden, zu dem nur über Achtzehnjährige Zutritt haben, und in dem jede Biermarke eine eigene Nummer hat, die man dem Verkäufer zuraunt, leben zwar bislang nur in der Phantasie einiger Kritiker, sind aber angesichts des bereits „versteckten" Verkaufs von Zigaretten nicht ganz abwegig. In jedem Supermarkt befindet sich über der Kasse ein unscheinbarer grauer Kasten, in dem sich die zum Verkauf stehenden Zigarettenschachteln befinden und zu dem nur das Verkaufspersonal Zugang hat. Streichhölzer und Feuerzeuge gibt es ebenfalls nur für Volljährige.

Ob nun auch das Finlandia-Talo, das als Kongress- und Konzerthalle in Helsinki dient, aufgrund möglicher Assoziationen zu Finlandia-Wodka umbenannt werden muss, oder der Ort Koskenkorva, nach dem ein Schnaps benannt wurde, nicht mehr so heißen darf, wird weiter heiß diskutiert. Und: Was wird mit all den Naturdokumentationen passieren, in denen Bären auftauchen? Wird es nächstes Jahr überhaupt noch gestattet sein, von „*karhu*" zu reden? *Karhu* ist außer dem finnischen Wort für Bär auch eine beliebte Biermarke. Wird man zu Zeiten zurückkehren, in denen der König des Waldes als ein so mächtiges Tier angesehen wurde, dass man seinen Namen nicht nennen durfte? Schließlich hat die finnische Sprache dadurch zahlreiche andere Benennungen wie *otso, kontio* und *mesikämmen*, die sich nun wieder als nützlich erweisen könnten.

Wie Rauchschwaden bewegen sich die Schneewehen auf dem Boden hin und her. Schlängeln sich über das Rollfeld, ändern häufig unvorhersehbar ihre Richtung. Jetzt, da das Flugzeug dem Boden wesentlich näher ist als noch vor fünf Minuten und langsam auf das Terminal zurollt, ist das ganze Ausmaß zu erkennen. Es ist plötzlich Winter geworden in Oulu. In Helsinki sah alles normal aus, regnerisch-langweilig, später Herbst eben. Je weiter es nach Norden ging, desto mehr glich die Aussicht einem Schwarz-Weiß-Foto. Die Woche *syysloma*, Herbstferien, haben wir bei meinen Eltern verbracht. Innerhalb dieser sieben Tage hat sich das Bild zuhause drastisch verändert. Freunde erzählen von minus zehn Grad Nachtfrost, und heute kam dann der Schnee dazu.

Ich muss wieder an Attes verfehlten Schuhkauf vor ein paar Wochen denken. „Die hier würden passen und wären gut für die Übergangszeit, wenn es die in Finnland geben würde." Herbst und Frühling machen tatsächlich nur einen verschwindend kurzen Teil des Jahres aus, dafür lohnt es sich nicht, noch extra Klamotten im Schrank zu haben. Nach dem Altweibersommer in Deutschland bin ich für den plötzlichen Wintereinbruch in Oulu absolut unzureichend ausgerüstet. Als sich die Tür des Flughafens öffnet, fliegt mir das Schneegestöber ins Gesicht. Wir rennen zum Bus, der schon an der Haltestelle steht. Die gute alte 19 hat inzwischen ausgedient und im Zuge einer Kompletterneuerung des Ouluer Bussystems der Nummer 9 Platz machen müssen, zum Verdruss vieler Fahrgäste. Nach uns steigt eine Frau im mittleren Alter mit Fellkapuze ein. „Wie komme ich denn dann nach Linnanmaa?" Der Busfahrer, dem die Frage offensichtlich nicht zum ersten Mal gestellt wird, antwortet routiniert: „In der Stadt können Sie in die 1, 2 oder 3 umsteigen. Die fahren alle nach Linnanmaa, von der gleichen Haltestelle aus." Die Frau seufzt. „Also, ich verstehe nicht, warum gerade die 19 abgeschafft wurde. Nach Linnanmaa müssen doch viele, die Lehrer von der Uni zum Beispiel ..." „Tja, seitdem Koskilinjat keinen Einfluss mehr auf die Strecken hat und die Stadt alles übernommen hat ... Im Sommer fuhr ja noch die 8 von hier aus nach Linnanmaa, aber ausgerechnet, als dann wieder mehr los war, wurde die auch abgeschafft." Einen Moment denke ich noch nach über die Änderungen der Buslinien und des Fahrplans, die anscheinend nicht nur bei mir Unverständnis hervorrufen. Die öffentlichen Verkehrsmittel sind traditionell ein unerschöpfliches Gesprächsthema in Oulu, bei dem jeder hitzig mitdiskutieren kann, sofern er auf die neuerdings weiß-pinkfarbenen Busse angewiesen ist. Diesmal hat man sich ausgedacht, dass es eine sinnvolle Erneuerung wäre, den Flughafenbus auch am Bahnhof vorbeifahren zu lassen. Was zunächst gut und vernünftig klingt, wird dadurch ausgeglichen, dass die Reise seitdem nicht mehr weiter in den Norden, zum Universitätsgebiet führt, wo sich logischerweise viele Menschen angesiedelt haben. Dazu kommen jedes Jahr immer mehr, inzwischen mehrere hundert Austauschstudenten, die mit Gepäck für ein halbes oder ein ganzes Jahr anreisen und damit normalerweise in unmittelbarer Nähe der Uni einquartiert werden. Der neue Strecken- und Fahrplan des Flughafenbusses, der sich zudem nun noch weniger als vorher an den Flugzeiten zu orientieren scheint, erweckt auch bei mir inzwischen den Eindruck, als wäre er von jemandem gemacht worden, der gar nicht in Oulu wohnt. Die Frau diskutiert noch lange mit dem Busfahrer, während die verschneiten Landschaften an uns durch das Busfenster vorbeiziehen. Eigentlich freue ich mich darüber. Auf der einen Seite lasse ich den Herbst nie gerne gehen, vor allem nicht in dem Wissen, dass es lange dauern wird, bis wieder eine andere Jahreszeit auf den Plan tritt, sobald der Winter einmal da ist. Auf der anderen verbreitet Schnee eine beinahe grenzenlose Stille und Ruhe. Bis der Schnee auch wirklich liegen bleibt, dauert es allerdings noch etwas. Ein Blick auf die Wettervorhersage, in der Plustemperaturen versprochen werden, reicht, um vor meinem inneren Auge eine nasse Katastrophe abzuspielen. Schneematsch, dann Sturzbäche wie im Frühling. Bei dem Intermezzo heute, am 24. Oktober, hat sich der Winter nur mal, wenn auch recht eindrucksvoll, gezeigt, um sich gleich wieder zurückzuziehen.

Marraskuu

Von einem Energieschwamm, kleinen Weihnachten und wie wir von dem Schaummonster verschont blieben

Wie einen Haufen Ameisen, der meine Gedärme in endlosem Gewimmel durchquerte, fühlte ich die Schwerelosigkeit. Bereits an mir vorbeigeflogen waren die Knöpfe mit den Nummern der Stockwerke sowie das kleine Schild mit der Aufschrift *„4 henkilöä, 325 kg"*. Obwohl wir uns in rasanter Fahrt nach unten befanden, versuchte ich Halt zu finden, Halt an den viel zu glatten Wänden, die in ihrer hellblauen und graubräunlichen Marmorierung an eine Tischdecke mit Kaffeeflecken erinnerten. Vollkommen unbeschadet rutschte die Oberfläche unter meinen Nägeln davon, wie eine Grimasse raste auch mein eigenes Spiegelbild an einer anderen Ecke vorbei und verlor alle Menschenähnlichkeit, bis es schließlich ganz meiner Wahrnehmung entschlüpfte. Als ich das Metall der Decke an meinem Kopf spürte, wurde alles ruhig. Eine Weile lang betrachtete ich die eiserne Tür, die einen unförmigen Spaltbreit aufgeplatzt war. Auf der anderen Seite befand sich Dunkelheit, über mir das Erdgeschoss. Ich musste mich bemerkbar machen. Ich versuchte zu schreien, aber so sehr ich mich auch anstrengte, die riesigen Mengen an Luft, die ich in meine Lungen eingezogen hatte, als Schrei zu entladen, gelang mir nicht. Trotz großer Anstrengung verließ nicht der leiseste Ton meinen Mund, meine Stimmbänder funktionierten nicht. Plötzlich ein Kratzen. Gleich neben meinem Schädel, ein Kratzen, das sich in immer schnellerer Folge zu einem Scharren ausweitete und mit der Zeit an Lautstärke zunahm. Je lauter das Scharren wurde, desto mehr verblasste die Welt um mich, das Muster an den Wänden verschwamm zu einem beweglichen Werk moderner Kunst, verschwand schließlich gänzlich in der sich verdunkelnden Welt, die gleichzeitig unklarer und klarer wurde. Von meinem Bett aus starre ich in die Dunkelheit.

Während ich langsam zu mir komme, wird mir klar, dass es nur mal wieder das Energiebündel Hemppa ist, das durch den Flur geistert und mich zurück in die Welt der Wachen geholt hat. Noch vollkommen benommen registriere ich, wie er auf seiner Entdeckungstour schließlich in ein schrilles Quietschkonzert ausbricht, um daraufhin sofort weiter geschäftig durch die Wohnung zu trippeln. Dabei schien er erst ein reines Käfigschwein zu sein. So sehr ich versucht hatte, ihn mit Gurkenstückchen aus der Reserve zu locken oder ihn einfach mal zur Erkundung auf den Küchenboden zu setzen, Hemppas Lieblingsplatz war im Käfig, dem nun auch Onni meistens treu blieb. Selbst der Bau einer neuen Treppe, die mehr zum Herauskommen einladen sollte als die bisherige Holzbrücke, blieb zunächst ungenutzt. Ich hatte bereits alle Hoffnung aufgegeben, als Hemppa sich drei Tage später auf die Steine im Eingangsbereich schwang, von dort hinüber über die umgedrehte Katzentoilette auf die andere Seite sprang und sich in ein für ihn wahrscheinlich zu dem Zeitpunkt atemberaubendes Abenteuer begab. Ein Sprung, der die Wende brachte. Musste er erst begreifen, dass die Schweinewelt nicht notwendigerweise an einer Wand von Gittern aufhört? Dass auch Boden ohne Streu „Schweineboden" ist? Wir werden es wohl nie erfahren, seitdem jedenfalls ist Hemppa wie ausgewechselt, immer und überall. Steht unvermittelt beim Kochen neben mir und umkreist meine Füße. Bettelt vor dem Kühlschrank, streckt seine Nase hoch in die Luft, um auch nicht den kleinsten möglicherweise von frischem Gemüse herrührenden Geruchsfetzen zu verpassen. Flitzt quiekend den Flur entlang, balanciert mehr oder weniger geschickt den Ball vor sich her, rennt übermütig durch die Küche und schreit sich in unregelmäßigen Abständen die Seele aus dem Leib. Atte und ich sind uns einig: Hemppa hat den Verstand verloren. Onni nimmt das gelassen. Auch er unternimmt wieder gelegentliche Ausflüge weg von der bequemsten aller Einstreue, sucht nach Gemüsestückchen, schlurft dem Ball hinterher oder verkriecht sich in der Transportkiste unter dem Tisch, wenn ihm alles zu viel wird. Hemppas Herumgetolle zu folgen, das wäre jedoch nicht Onnis Stil. Lieber trainiert er weiterhin seine unnachahmliche Fähigkeit, sich zu entspannen. Beide Beine vom Körper genüsslich weggestreckt, den Kopf auf dem Einstreukissen, dreht er sich leise glucksend in eine andere Schlafposition, da kann Hemppa so viel herumtollen wie er will. Onni jedenfalls versinkt in die süßesten Träume von Löwenzahn und Klee.

Am liebsten würde auch ich davon träumen, über sommerliche Blumenwiesen zu laufen, stehe aber schließlich auf und füttere das hungrige Meerschweinchen-Duo. Während ich, umtänzelt von dem begeisterten Hemppa, eine Möhre in Stücke schneide, sehe ich nach draußen in die Dunkelheit. Die glatten Oberflächen der Pfützen auf dem Dach des Knoblauchhauses werden von Regentropfen durchstochen, in einigen Nachbarhäusern brennt Licht. Jetzt, nachdem wir den Herbst hinter uns gelassen haben, wechseln sich Schnee, Tauwetter und Regen in unregelmäßigen Abständen ab. Die

Wettergrafik für Oulu erinnert zurzeit an einen hoffnungslosen Fall im Krankenhaus. Die Temperaturkurve weicht unabhängig von der Tageszeit kaum von der Nulllinie ab, bewegt sich unter grauen Wolkensymbolen beinahe geradlinig die gesamte Woche entlang. Nach einem kurzen Intermezzo vor einigen Wochen zog sich die Kälte zurück und nahm bei der Gelegenheit auch gleich die Sonne mit. Warum ich in letzter Zeit immer so müde sei, fragte ich gestern Nachmittag Atte zwischen zwei Gähnern, ohne wirklich eine Antwort zu erwarten. Nach einer Weile murmelt er dennoch ohne aufzusehen: „*Koska kaamos.*"

Kaamos ist in diesen Tagen tatsächlich an (fast) allem schuld. Wegen *kaamos* kommt man manchmal den ganzen Tag nicht in die Gänge. Wegen *kaamos* steigt das Schlafbedürfnis ins Unermessliche. Wegen *kaamos* falle ich trotz elf Stunden Nachtschlaf nach dem Essen mitunter unverzüglich in einen tiefen Mittagsschlaf. Wegen *kaamos* wird Licht zur Mangelware. Wegen *kaamos* wünschen sich viele Finnen, einfach ab November Winterschlaf zu halten und erst im Frühling wieder aufzuwachen. Die Dunkelheitsperiode im Winter, die auf Finnisch *kaamos* heißt und alle Energie in sich aufsaugt wie ein Schwamm, ist verantwortlich für Antriebslosigkeit und unendliche Müdigkeit und hinterlässt zudem bei unzähligen Menschen, insbesondere am Winteranfang, wenn noch kein Schnee liegt und die Welt dadurch noch düsterer erscheint, bedrückende bis deprimierende Spuren. Von Vitamin D in Pillenform bis zu hellen Lichtern, die – wohlgemerkt in die Ohren gesteckt – gegen all dies helfen sollen, findet man die abenteuerlichsten Ratschläge, wie man den *Kaamos*-Symptomen entkommen kann.

Eine andere Möglichkeit ist es, das Ganze einfach zu akzeptieren, in dem Wissen, dass es nahezu allen anderen genauso geht. So nehme ich es nicht persönlich, wenn in dem finnisch-deutschen Übersetzungskurs, den ich seit letztem Monat an der Uni unterrichte, jemand – noch dazu um halb neun Uhr morgens – mit geschlossenen Augen verfolgt, wie ich, bemüht darum, aufgrund meiner eigenen Müdigkeit nicht allzu grimmig in die Runde zu schauen, den Unterschied zwischen Heinzelmännchen und Weihnachtswichteln erkläre oder über Wurstherstellung in Gemeinschaftsarbeit philosophiere. Ganz im Gegenteil bin ich froh und auch ein bisschen überrascht darüber, dass es jede Woche größtenteils fast der gesamte Kurs schafft, an einem Montagmorgen noch in tiefster, regnerischer Dunkelheit an die Uni zu kommen. Ich selbst hingegen entdecke während des Kurses ganz neue Seiten an mir. Sowohl während meiner Schulzeit als auch während meines Studiums war mir das Sprechen vor versammelter Gruppe ein Gräuel. Ich stehe nicht gerne im Mittelpunkt. Als ich nun einen ganzen Kurs Erstsemestler vor mir habe, ist mir das zwar erwartungsgemäß erst unangenehm. Nach wenigen Stunden aber entwickle ich ein mündliches Mitteilungsbedürfnis, das ich vorher von mir bisher gar nicht kannte. Ich erkläre, schreibe an die Tafel, erläutere alles, was ich zu einem Thema weiß, und lerne dabei wahrscheinlich mindestens so viel wie die Teilnehmer des Kurses. Und noch einen weiteren Vorteil hat diese neue Herausforderung: So bleibt mir das kleine gemütliche Institut erhalten, das mich bereits seit meinem ersten Jahr in Oulu begleitet und das ich nach Studienabschluss schon zu vermissen befürchtet hatte.

In unserem Badezimmer blubbert es gerade gewaltig. Unser Weinprojekt ist nach langer Vorbereitung in der nächsten Phase angekommen. Mit Hilfe von Attes Vater wurde ein

Gestell für das 30 Liter fassende und mit Inhalt sauschwere Gärgefäß gezimmert, gefolgt von Versuchen, passende Hefe für den Gärprozess ausfindig zu machen, nachdem der einzige Laden für Weinzubehör in Oulu seine Pforten für immer geschlossen hatte. Schließlich nehmen wir mangels Alternativen einfache Weinhefe aus dem Supermarkt und setzen sie dem warmen Fruchtsaft zu. Sofort fängt der Flascheninhalt an, gefährlich zu blubbern. Der Schaum, der sich zuerst vorsichtig auf der roten Oberfläche bildet, wächst beständig, breitet sich in der Flasche aus wie bei einem Schaumbad. In einem Land, in dem Badewannen insbesondere in Mietwohnungen eher eine Ausnahme darstellen, sind Schaumbäder für mich inzwischen zu einem ganz besonderen Erlebnis geworden. Der Finne ist auch beim Bau von Wascheinrichtungen praktisch eingestellt. Er setzt die Duschvorrichtung in eine sich leicht absenkende Ecke des Badezimmers, hängt einen Duschvorhang davor und kehrt das Wasser, welches beim Duschen doch zu weit über den Badezimmerboden entflohen ist, nach der körperlichen Säuberung mit einem Gerät, das wie ein Fensterabzieher aussieht, in den Abfluss. Viel wahrscheinlicher als eine Badewanne hat er dann schon eine eigene Sauna.

Der Flascheninhalt schäumt weiter vor sich hin. Ich sehe das Szenario bereits vor meinem geistigen Auge: Innerhalb der nächsten halben Stunde, so schätze ich, wird der Schaum sich seinen Weg bis zum Flaschenhals gebahnt haben. Mit der Zielstrebigkeit, die er bisher an den Tag legt, ist es von dort aus nur ein kleiner Schritt durch das Gärröhrchen, das unter dem Druck der sich ständig vermehrenden weißen Masse einfach platzt. Straßen aus blubberndem Schaum werden sich unaufhaltsam wie eine Lawine über die Außenwände des Glasgefäßes ergießen. Nach und nach werden die Straßen zu glitzernden Schaumlandschaften, die die Flasche und schließlich den Badezimmerboden bedecken. Ist keiner von uns beiden zu dem Zeitpunkt zuhause und kann eingreifen, wird der Schaum die Toilettenschüssel übernehmen, die Wände emporklettern, wie ein gewaltiges Schaummonster einen Ausweg aus dem Gefängnis suchen. In Panik wird es die Tür aus ihren Angeln heben, sie sprengen – wir würden bereits zum zweiten Mal in diesem Jahr eine neue Badezimmertür brauchen.

Als auch nach einigen Stunden noch aller entstandene Schaum in der Flasche und das Schaummonster eine sich nie ereignete Geschichte ist, klären wir erleichtert die weiteren Schritte. Nach und nach werden wir die Flasche mit Zuckerwasser auffüllen und dann bis zum Frühling warten. Erst dann werden wir wissen, ob unser Projekt gelungen ist. In der Zwischenzeit werde ich weiter mit der Herstellung von Likören experimentieren. Unsere Sammlung an verschiedenen Likören ist über den vergangenen Sommer enorm angewachsen. Als Atte im Juli zwei Flaschen achtzigprozentigen Wodka als Überbleibsel einer besuchten Hochzeit mit nach Hause brachte, fing es an. Was tun mit einem Liter hochprozentigem Alkohol, den keiner von uns beiden so recht mag? Mir fielen die zahlreichen Kräuterschnaps-Rezepte ein, die ich in einem Buch über Kräuter zwar überflogen, aber dann für als in Finnland viel zu kostspielig sofort verworfen hatte. Nun hatten wir also den normalerweise so teuren Rohstoff plötzlich zuhause, und ich fing an zu recherchieren. Statt mit Kräuterschnaps füllte sich unser Küchentisch schon bald mit halbfertigem Pflaumenlikör, schwarzem und rotem Johannisbeerlikör, Heidelbeerlikör, Karamelllikör und Kaffeelikör.

Einige davon stehen auch nun auf dem Tisch, als wir

mit einigen Freunden unsere erste *Pikkujoulu*-Feier für dieses Jahr begehen. Jede Gesellschaft, jede Fachschaft an der Uni, eigentlich jede Gruppierung jeglicher Art, von der Firma oder dem Wanderverein bis zum Freundeskreis, lädt ab November zu Vorweihnachtsfeiern, „kleinen Weihnachten", ein, zu denen neben Essen und Alkohol natürlich nach Möglichkeit auch die Sauna gehört. Wir haben keine eigene Sauna in unserer Wohnung, was der Stimmung an diesem Samstag jedoch keinen Abbruch tut, denn Scooter ist wieder da. Inzwischen wohnt er in Nivala, einem kleinen Ort 150 Kilometer südlich von Oulu. Als Henri, der sich mit den großen Namen der Rock- und Metalgeschichte auskennt, das hört, weiß er sofort zu berichten, dass sogar Metallica dort bereits aufgetreten sind. „Das war 1984. Stand vor ein paar Tagen noch in der *Kaleva*." Der Glanz der Stadt, die ehemals als Schauplatz solch legendärer Konzerte diente, scheint heutzutage allerdings verblasst, will man Attes erste Nivala-Erfahrung als repräsentativ ansehen. „Im Sommer saß ich mit Scooter dort in einer Bar. Kaum hatten wir uns da niedergelassen, kommt ein Mann auf mich zu und versucht mich zu überreden, mit ihm vor die Tür zu kommen. Der hat sich allen Ernstes geärgert, dass er wegen mir nicht mehr den längsten Bart in der Kneipe hatte! Wir haben ausgetrunken und sind nach Hause gegangen." Scooter merkt an, dass er den neidischen Bartmann seitdem trotz der begrenzten Größe des Ortes nie mehr gesehen hat. „Nicht in Geschäften, auf der Straße oder sonst wo... Komisch eigentlich." Ich stelle indes Vermutungen an, dass er in der Kneipe wohnt und sein Bartterritorium verteidigt. Eine gesicherte Lösung des Mysteriums wird an diesem Abend nicht erreicht, einig ist man sich jedoch darüber, dass man sich als Bartträger in Acht nehmen muss in Nivala.

„Wir sollten fragen, ob noch jemand Kuchen oder Glühwein will", flüstert mir Atte zu. „Ich weiß", raune ich zurück. „Ich will schon seit fünf Minuten fragen, aber es ergibt sich einfach keine Gelegenheit." Scooters Redefluss ist wie gewöhnlich nicht zu stoppen. Fröhlich plappert er über dies und das und unterhält die Gesellschaft. Zu der gehört heute auch Eveline, die Praktikantin aus Oberösterreich, die zurzeit am Germanistischen Institut einige Kurse unterrichtet. Als wir uns zum ersten Mal trafen, nahm sie mich zur Seite und fragte vorsichtig: „Sag mal, ist das in deinem Kurs auch so? Bei mir antwortet niemand auf Fragen, die ich stelle. Die sagen einfach nichts." Unter anderem in der Zurückhaltung von finnischen Studenten in Vorlesungen und Seminaren liegt eines der Schlüsselerlebnisse meiner ersten Monate in Finnland. Natürlich hat sie recht: Oft legt sich eine Stille über den Raum, wenn die Lehrperson eine Lücke lässt, die von den Studenten gefüllt werden soll. Als irritierend habe ich das allerdings nie empfunden, denn gerade auch deshalb fühlte ich mich damals sofort heimisch. Als uns in der Oberstufe gesagt wurde, wir hätten jetzt eine „Bringschuld", müssten dem Lehrer vor der ganzen Klasse Antworten bieten und selbst aktiv sein, um in der Schule weiterzukommen, kam es mir so vor, als wären wir zur Angeberei gezwungen worden. Überhaupt hatte ich in Deutschland oft das Gefühl, überrollt und ausgegrenzt zu werden, weil ich den Erwartungen von zwanglosem, praktisch ständigem Plaudern nicht entsprechen, mich gegen meine Mitredner einfach nicht durchsetzen konnte und auch gar nicht wollte. Nach einiger Zeit in Finnland kam mehr und mehr die Erleichterung, als ich irgendwann feststellte, dass meine Schweigsamkeit, die unheilbare soziale Geistesstörung, für die ich sie bis dahin immer gehalten hatte, ganz plötzlich orm war. Überhaupt waren hier alle so herrlich normal. Niemand drängte sich in den Vordergrund. Niemand erwartete von mir, dass ich das täte. Spärliche Gesprächsbeiträge wurden selbst bei einer neuen Bekanntschaft nicht unweigerlich mit schiefen Blicken und letztendlich Ablehnung geahndet. In Finnland ist die Spanne, wie viel Schweigsamkeit akzeptabel ist, einfach wesentlich größer. Es wird geredet, je nach Charakter auch reichlich, aber genauso sehr akzeptiert und üblich ist es, eben zu schweigen. Beim Thema physischer Abstand war ich mit den Finnen ebenfalls sofort auf einer Linie. Auch mein Tag ist ruiniert, wenn sich im Bus jemand neben mich setzt. Auch ich lasse in Kursen an der Uni instinktiv mindestens einen Platz neben mir frei. Wenn das jemand nicht tut, obwohl es noch genügend andere Plätze gibt, fühle ich mich irritiert, irgendwie bedroht. Ist die Person betrunken? Was will man von mir? Physisch und verbal nicht in jemandes persönlichen Bereich einzudringen, den passenden Abstand einzuhalten, sich Platz zu lassen, das fiel vor allem einigen meiner spanischen und italienischen Mitbewohnern im Affenhaus schwer. Kaum hatten wir uns vorgestellt, kannten uns eigentlich überhaupt nicht, da fingen sie an mich anzufassen. Meinen Arm beim Gespräch zu betätscheln, mir in der Küche fast auf dem Schoß zu sitzen, mich zu bedrängen wahrscheinlich ohne es zu wissen. Das wäre einem Finnen, noch dazu im nüchternen Zustand, nie eingefallen. Ein ähnlicher Kulturschock erwartete mich immer mehr bald auch bei meinen Besuchen in Deutschland. Die Leute schrien sich an. Niemand ließ mich ausreden. Jeder unterbrach jeden. Eigentlich vertraute Dinge, bei denen mir im direkten Vergleich erst so richtig bewusst wurde, dass sie nicht zum allgemeinen Menschsein gehören, sondern vor allem kulturell bedingt sind.

Scooter und Eveline, beide Lehrer, diskutieren noch über die Passivität ihrer Studenten und Schüler, bis schließlich jemand die „Typisch-finnisch-Karte" zieht und damit die Diskussion beendet: „That's typical Finnish behaviour. Und wenn man die Antwort nicht absolut perfekt weiß, dann sagt man lieber gar nichts." Typisch finnisch, dieses Attribut fällt in Anwesenheit von mindestens einem Ausländer oft und gerne. Die Herausstellung einer Eigenschaft, einer Sache, sei sie nun positiv oder negativ, als typisch finnisch muss eigentlich schon fast an sich als typisch finnisch gelten. Jedenfalls sind wir am nächsten Tag erstaunt. Ganz untypisch finnisch, oder untypisch Scooter, ist die Badezimmertür intakt. Ebenfalls mussten keine Suchtelefonate zur Findung von verschollenen Partygästen unternommen werden. Alles ist ruhig, als wir kurz nach Sonntagmittag die letzten Lichtfetzen des Tages erleben, bevor die Dunkelheit die Landschaft erneut bis zum nächsten Vormittag übernimmt.

Reisen in die Vergangenheit

Von einer fliegenden Bibel in Nordkarelien

Es war kalt gewesen im unbeheizten *mökki*, das eigentlich mehr ein abschließbares Kabuff war. Überhaupt war das ganze Juli-Wochenende ein meteorologisches Desaster gewesen. Und nun standen wir im Regen. Der Bus hätte längst kommen sollen. 16.25, hieß es auf dem Plan. Jetzt war es fünf Uhr. Der einzige Bus des Tages würde nicht mehr kommen, da waren wir uns ausnahmsweise mal einig. Dicke Tropfen fielen vom grauen Himmel, durchnässten unsere Kleidung und Rucksäcke und liefen inzwischen in Rinnsalen an unseren Hosenbeinen hinunter. „Was machen wir denn jetzt? Wir könnten zurück zur Unterkunft laufen." „Willst du noch eine Nacht in dem Eiskeller verbringen? Ich finde, wir sollten versuchen zu trampen." Ich versuchte sicherer aufzutreten als ich war. Ich war noch nie per Anhalter gefahren. Aber das sagte ich meiner Mitbewohnerin nicht. „Tja..., dann trampen wir."

Obwohl es sich um die Hauptstraße durch das nordkarelische Dorf Rääkkylä handelte, erschienen selten die Scheinwerfer eines Autos auf der Anhöhe, die hinunter führte zu der Stelle, an der wir nun am Straßenrand standen. Die Wenigen, die vorbeifuhren, schienen es eilig zu haben und hielten nicht an. „Oder wir nehmen ein Taxi." Meine Mitbewohnerin hatte nach all der Warterei einfach keine Lust mehr, im Regen zu stehen. Auch ich musste zugeben, dass der kalte Regen, der immer noch vom Himmel fiel und wahrscheinlich auch den Rest des Tages fallen würde, wenig erbaulich war. Allerdings hielt mich die eventuelle Aussicht darauf, dass vielleicht doch noch jemand anhalten, uns nach Joensuu bringen und unser Problem so relativ einfach lösen würde, bis jetzt bei Laune. Noch wollte ich nicht aufgeben. „Ein Taxi über sechzig Kilometer. Weißt du, was das kostet?" Das wusste ich auch so genau nicht, aber wahnsinnig teuer würde es werden. „Lass uns noch etwas warten, vielleicht hält ja doch noch einer an." Die Blumen neben dem Asphalt ließen unter der Last der Regentropfen traurig ihre Köpfe hängen. Wieder kam ein Auto über den Hügel angebraust, nahm die leichte Linkskurve mit Eleganz und leuchtete mit seinen grellen Scheinwerfern die Straße an. Wie schon einige Male in den letzten zwanzig Minuten hielt ich die Hand raus, versuchte den Fahrer innerhalb von ein paar Sekunden dazu zu bringen, uns mitzunehmen. Wie immer sauste das Auto an uns vorbei, wurde dann jedoch langsamer und hielt schließlich dreißig Meter hinter uns an. Ich konnte es nicht glauben. Ohne Zeit zu verlieren, schnappte ich mir mein Gepäck, lief die Straße hinunter zu dem Auto und lugte durch die Beifahrertür, die die Fahrerin bereits einen Spalt geöffnet hatte. Meine Mitbewohnerin trabte hinterher, stand schließlich neben mir und sah mich erwartungsvoll an. „Nach Ylämylly. Dreizehn Kilometer von Joensuu entfernt, sagt sie. Komm rein." „Bist du verrückt?! Dann stehen wir da in diesem Ylmyly und kommen da nicht mehr weg." „Ach was, das ist so nah an Joensuu, da finden wir schon noch jemanden." Widerwillig verstaute meine Mitbewohnerin ihre Reisetasche im Kofferraum.

Als wir auf der Rückbank Platz nahmen und der Wagen sich in Bewegung setzte, rettete die Fahrerin gekonnt das

Buch, das bisher auf dem Beifahrerairbag lag und stopfte es in ein Fach unter dem Knopf für die Warnblinkanlage. „So what were you doing in Rääkkylä?", fragte sie und sah durch den Spiegel nach hinten. „Wir waren auf einem Folk-Festival", antwortete ich, denn meine Mitbewohnerin schien noch viel zu verwirrt von dem plötzlichen Wechsel unserer Situation. Geduldig hörte unsere Fahrerin sich meine Erklärungen darüber an, wie unser Bus einfach nicht gekommen war. Dann setzte sie selbst an. „Ich war dieses Wochenende auf einem Jesus-Festival in Joensuu. You have folk, I have Jesus!" Ich nickte. Meine Mitbewohnerin hörte auf, mit dem Sicherheitsgurt zu kämpfen, der sich irgendwo verfangen hatte, und warf mir einen vielsagenden Blick zu, den ich genauso vielsagend erwiderte. 47 Kilometer.

Draußen wechselten sich Wälder und Seen ab. Während das Auto durch die verregnete Landschaft schaukelte, erzählte die Frau aus ihrem Leben. Von ihren sieben Kindern und ihrem Mann, der sie eines Tages zur Hölle geschickt habe. Von den Tausenden von Menschen auf dem Festival letztes Wochenende. Als wir in Liperi ankamen, verstellte uns Wasser den Weg. An dieser Stelle würde es nur mit einer kleinen Fähre weitergehen. Das rote Licht leuchtete. Die Frau schaltete den Motor ab. „Jetzt seid ihr hier alleine mit mir und Gott in einem Auto, und wir müssen warten", verkündete sie bedeutungsvoll, als wir an der Andockstelle standen, und ließ ein diabolisches Lachen folgen. Ich begann zu hoffen, die Fähre möge bald kommen. Noch viel später, nach gefühlten Ewigkeiten und religiösen Gesängen aus dem Kassettendeck, die auch den letzten Winkel des Autos im Nu erfüllten und von unserer Fahrerin lauthals mitgesungen wurden, sodass nicht nur mir angst und bange wurde, drosselte sie mitten auf der Straße das Tempo. Sie werde uns nach Joensuu bringen, habe sie gerade entschieden. „Ich bin ein guter Mensch, und Gott will, dass Menschen anderen Menschen helfen. Ihr werdet mich ganz bestimmt nie vergessen." Ohne zu zögern stimmten wir wie beim Synchronnicken zu. An die Fahrt mit der Laestadianerin, an die fliegende Bibel auf der Beifahrerseite und an die Momente mit Gott in Liperi würden wir uns mit Sicherheit immer erinnern. Als wir an Ylämylly vorbei nach einigen Kilometern nach Joensuu einbogen und im Zentrum abgesetzt wurden, verabschiedete sich unsere Retterin fröhlich und auch ein bisschen stolz von uns. „Und denkt immer daran, Mädels: Jesus loves you!"

Joulukuu

*Von der wichtigsten Modenschau des Jahres,
einer finnischen Afrika-Rundreise und einem bunten
Meer aus Wolle*

Die letzten Wochen hatten es in sich, wagte man einen Blick in die meistens doch eher bedrückende Nachrichtenwelt. Gleichgeschlechtliche Ehen, so wurde kürzlich vom finnischen Parlament, wenn auch alles andere als einstimmig, beschlossen, werden hier in einigen Jahren wie bereits in allen anderen nordischen Ländern rechtlich möglich sein. Dass man sich den Schritt in Richtung Gleichberechtigung überhaupt zum Thema genommen hat, ist übrigens der ersten Bürgerinitiative in Finnland überhaupt zu verdanken, über die im Parlament mit einem positiven Ergebnis abgestimmt wurde. Erst das erste Mal, dachte ich verwundert. Lag das daran, dass die finnischen Politiker, die sogenannten Volksvertreter, ihrem Volk außerhalb der Wahlen wenig Beachtung schenken? Kam dazu noch, dass die Finnen sich ungern in Dinge einmischen, die sie etwas angehen? Denn oft scheint die Schwelle, gegen einen derzeitigen Zustand zu sein, nicht zuzustimmen, einen Konflikt auszulösen, einfach zu hoch zu sein. Die Finnen sind kein aufrührerisches Volk. Demonstriert wird daher selten, und wenn es doch einmal zu einer Protestkundgebung kommen sollte, dann bleibt es meistens bei einer geringen Teilnehmerzahl. Marianne, die ich letztes Jahr beim March against Monsanto kennenlernte, der mit ungefähr vierzig Teilnehmern kläglich durch Oulu kroch, findet vor allem diese passive Einstellung gegenüber prinzipiell wichtigen Themen besorgniserregend. „Das hat mich schon immer wütend gemacht. Wir lassen uns einfach alles gefallen. Die Leute denken nur ‚*se ei kuulu minulle*‘, das geht mich nichts an, und akzeptieren, was da auch immer von oben kommen mag." Unterschriftensammlungen sind in den meisten Fällen das höchste Mittel, zu dem man greift, wenn man doch versuchen will, etwas zu verändern, und die fallen manchmal vielleicht zu leicht unter den politischen Tisch.

Außer der sexuellen Gleichberechtigung stimmte man zuletzt dem Bau eines neuen Atomkraftwerkes mit russischer Beteiligung in Pyhäjoki wenig überraschend zu und ist damit wieder einen unheilvollen Schritt näher an der Verwirklichung eines Projekts, das bereits vor vielen Jahren geplant, dann aber aufgrund des Ausstiegs des bisherigen Geldgebers erst einmal auf Eis gelegt wurde, um bei Gelegenheit wieder aufgetaut zu werden. Die Vorstellung von einem Reaktor an einem Ort weniger als achtzig Kilometer von Oulu entfernt an der Küste des bottnischen Meerbusens, die Inbetriebnahme eines solchen überhaupt, beunruhigt mich schon lange. Während sich die meisten anderen europäischen Länder seit dem Fukushima-Unglück von der Atomkraft abkehren, ist die Grundstimmung in Finnland immer noch überraschend positiv. Als vor einigen Jahren der Standort des neuen Kraftwerks bekannt gegeben wurde, wurde die Entscheidung in Pyhäjoki von offizieller Seite wie ein Lottogewinn gefeiert. Neue Arbeitsplätze werde das bringen und neuen Schwung in die Gemeinde. Auch Pekka, unser Nachbar aus dem Knoblauchhaus, sah dem Vorhaben ganz zuversichtlich entgegen. „Vor allem brauchen wir den Strom ja auch." Diese Worte fielen mir wieder ein, als ich eines Nachts nach einem Konzert von Toppila nach Hause lief und dabei an einem hellerleuchteten Großmarkt vorbeikam. Das riesige Geschäft, illuminiert wie ein gigantischer Weihnachtsbaum im Nirgendwo, hatte um diese Uhrzeit natürlich geschlossen. Besonders über den derzeitigen Verbrauch wird selten nachgedacht, auch mit erneuerbaren Alternativen scheint man sich weniger ernsthaft als anderswo auseinanderzusetzen, und da es in Finnland nur äußerst selten zu Erdbeben kommt, sei die Sache zudem sehr sicher, sagt man. Einzig die Tatsache, dass das russische Staatsunternehmen Rosatom, das unter anderem auch Atomwaffen herstellt, nun an dem Unterfangen teilhaben soll, hat zuletzt einige Kritiker auf den Plan gerufen.

Diese Neuigkeiten rücken allerdings dieses Wochenende in den weiten Hintergrund, denn wie jedes Jahr am 6. Dezember, dem Unabhängigkeitstag von Finnland, werden Gäste im Präsidentenschloss in Helsinki empfangen. Am Vortag, bei einer weiteren *Pikkujoulu*-Feier, zeigte sich Henri bei einer Tasse *Glögi* nachdenklich. „Komisch eigentlich, dass der Unabhängigkeitstag hier so ruhig und trist ist. In anderen Ländern gibt es Paraden und es wird fröhlich gefeiert... Hier sitzen die meisten nur zuhause." Sofort hatte Atte die Lösung parat: „Hier sind alle am Tag davor so dermaßen besoffen, klar, dass die am nächsten Tag lieber zuhause bleiben!" Während die einen also den Feiertag zuhause verbringen und bei „Tuntematon Sotilas" (wörtlich: der unbekannte Soldat, „Kreuze in Karelien" in der deutschen Übersetzung), dem legendären Film aus dem Jahre 1955 über den Fortsetzungskrieg zwischen Finnland und der Sowjetunion, ihren Kater auskurieren, warten andere schon seit Wochen gespannt auf die Übertragung des Präsidentenempfangs.

Präsident Sauli Niinistö und seine Lebensgefährtin Jenni

Haukio schütteln bereits fleißig die Hände der ersten von unzähligen Gästen – unter anderem Vertreter aus Politik, Wirtschaft und der Kirche sowie herausragende Personen wie Künstler oder Sportler –, als wir bei Attes Kumpel Juha ankommen. Bei Juha und seiner Frau Heidi sind wir heute zum Abendessen am *itsenäisyyspäivä*, dem Unabhängigkeitstag, eingeladen. Einige der anderen hungrigen Gäste sind schon da, als wir die eisigen Rutschbahnen draußen in der Dunkelheit hinter uns lassen, uns von unseren Jacken und Schuhen befreien und in die Wohnung eintreten. Außerdem ist da noch die Hündin Jojo, die mir, als ich nach einer Viertelstunde ausgiebigen Kraulens im Flur endlich auf dem Wohnzimmersofa Platz nehme, sofort ihren Kopf erneut unter die Hände schiebt. Während ich noch einmal Jojos Kopf tätschle und sie dann weiter an Atte und die anderen Gäste delegiere, da die Vorspeise bereits auf dem mit einer blau-weißen Kerze dekorierten Tisch steht, heißt es auch schon Feuer frei für die lange Liste der Kommentare zur heutigen Kleiderwahl der bei Niinistö Eingeladenen. Von allen Seiten des Wohnzimmers kommen sie geflogen. „*Upeaa!* Traumhaft!" „Was für ein schönes Sommerkleid!" „*Nyt se tulee!* Jetzt kommt er, mein Lieblingsgast!" „Jutta Urpilainen! Das wird die sich doch nicht trauen! Dieses Kleid zu tragen!" Obwohl der Empfang beim finnischen Präsidentenpaar am Unabhängigkeitstag jedes Jahr mit zwei Millionen Zuschauern bei einer Bevölkerung von etwas über fünf Millionen zweifellos zu den beliebtesten Übertragungen des Jahres gehört, sehe ich dieses Jahr zum ersten Mal die komplette Sendung. Genau beäugt vom Volk kommen immer neue Gäste in wallenden Kleidern oder feinen, oft mit zahlreichen Orden verzierten Anzügen, welche dann zuhause vor den Bildschirmen kritisch bewertet und kommentiert werden. Scheinbar endlos zieht sich das Händeschütteln hin, betreten immer neue Gäste das erst im letzten Jahr frisch renovierte Schloss, um dem Präsidenten und seiner Frau alles Gute zum Unabhängigkeitstag zu wünschen. *Hyvää itsenäisyyspäivää!* Als ich mich an einer Tasse Möhrensuppe mit Kokosmilch gütlich tue, schlurft gerade ein Mann in der ausgesprochen farbenfrohen traditionellen Kleidung der Samen samt Schuhen aus Rentierfell in das Präsidentenschloss. Sofort kommentiert jemand. „Der hat aber Mut, mit solchen Rentierschlappen zum Empfang zu kommen." Es folgt eine Frau in einem ausladenden Kleid mit hellblauen Rüschen, über das weiter diskutiert wird. Schließlich versiegt der Strom der Gäste, um kurz darauf einen erneuten Anlauf zu nehmen und die wichtigste Modenschau des Jahres fortzusetzen.

Während ich, eine ganze Weile später, noch mein Hauptgericht seziere und Jojo unter dem Tisch herumschnüffelt, sehe ich, dass gar keine Hände mehr geschüttelt werden, sondern dass man nun im Präsidentenschloss dazu übergegangen ist, sich bei Kaffee und Kuchen mit den natürlich schon recht betagten Kriegsveteranen zu unterhalten, die in Finnland generell hohes Ansehen genießen. Als die Kamera die zu verzehrenden Kuchen in Großaufnahme zeigt, wird der Skandal des Abends aufgedeckt. „*Käsittämätöntä!* Unfassbar! Die Heidelbeeren da auf dem Kuchen können ja nicht aus Finnland sein, das sind nämlich Strauchheidelbeeren. Und die bekommt man hier jetzt auf gar keinen Fall. Wenn heute schon der finnische Unabhängigkeitstag ist, dann müssen die Sachen ja wohl auch aus Finnland stammen." Daraufhin entbrennt eine hitzige Debatte darüber, was denn typisch finnische Gerichte seien. „Tja, dann sollte man vielleicht *kalakukko* essen. DAS wäre finnisch!"

„Wie wäre es mit Kartoffelbrei? Oder Leberauflauf mit Rosinen?" Auch wenn mir daraufhin noch die bei Attes Nichten so beliebte *nakkikastike*, eine Soße mit Würstchen, einfällt, enthalte ich mich, denn trotz der möglicherweise ausländischen Heidelbeeren sieht der Kuchen beim Seniorenabend im Präsidentenschloss nach meinem Geschmack allemal appetitlicher aus als alle bisher aufgeführten Speisen. In der Tat ist es wegen der relativen Unauffälligkeit der finnischen Küche schwierig, ein oder mehrere finnische Nationalgerichte zu nennen. Der zunächst erwähnte *kalakukko*, in Brot gebackener Fisch, ist ein regionales Essen, das man hauptsächlich in Kuopio und Umgebung zubereitet. Kramt man weiter in der Traditionskiste und arbeitet sich nach Norden bis Oulu vor, findet man *rössypottu*, einen Eintopf mit Kartoffeln, Fleisch und Blutstücken. Tampere im Süden dagegen ist bekannt für seine *mustamakkara*, eine schwarze Blutwurst. Zudem fallen mir sofort die Donnerstage ein, an denen es nicht nur in den Mensen der Universität seit jeher Erbsensuppe mit Pfannkuchen gibt, eine Tradition, die sich gehalten hat, auch wenn heutzutage kaum mehr jemand freitags einen Fasttag einlegt, zu dessen Vorbereitung die nahrhafte Suppe einst gedacht war. Vielleicht etwas weniger traditionell anmutend, aber mir bereits in Kuopio aufgefallen, ist das Konzept, Gemüse und Obst in Salaten zu verbinden. Egal, an welchem Tag ich an der Uni esse, spätestens an der Salatbar staune ich über die kreativen Zusammenstellungen. Da wird Dosenpfirsich mit Eisbergsalat gemischt, Wassermelonenstückchen ragen aus dem Krautsalat, Ananas verbindet sich mit Gurkenscheiben und Zwiebelringe mit Orangenspalten. Der Phantasie scheinen keine Grenzen gesetzt zu sein, auch wenn ich Kunstbanause die verschiedenen Zutaten in akribischer Sortierungsarbeit hinterher meistens dezent voneinander separiere. Wie aber wäre es wohl gewesen, beim Präsidentenempfang *leipäjuusto* mit Sumpfbeeren anzubieten? Der „Brotkäse", den es in jedem Supermarkt als rundes Wagenrad, halbiert oder geviertelt gibt und der beim Zerkauen zwischen den Zähnen quietscht, wird traditionell mit den hoch geschätzten, gelben Beeren verzehrt. Oder karelische Piroggen, womöglich noch mit Eierbutter? Vielleicht hätte es aber auch eine ganz gewöhnliche *pulla* getan, um die Diskussion um die importierten Heidelbeeren zu vermeiden und dennoch etwas typisch Finnisches auf den Seniorentisch zu bringen.

Für die Regenbogenpresse ist das alljährliche Fest natürlich ein gefundenes Fressen. So spricht man später vor allem davon, wie der 101-jährige Hannes Hynönen mit der Schriftstellerin Sofi Oksanen auf dem Präsidentenball tanzt, und hält damit die Nachrichtenwelt die ganze Woche in Atem. Davon bekomme ich nichts mit, denn als ich von meinem Nachtisch – ohne Heidelbeeren – aufsehe, rudert dort ein Mann im schwarzen Anzug wild mit den Armen. Auf dem Ball scheint es also abzugehen, denke ich und zerkaue die gefrorenen Erdbeeren auf meinem Teller. Jojo stromert immer noch zwischen Tisch, Fernseher und Küche hin und her und zeigt wenig Interesse daran, im Internet für das beste Outfit des heutigen Abends abzustimmen. Als Atte und ich uns schließlich mit vollen Bäuchen aufmachen, nach Hause zu laufen, da der letzte Bus längst abgefahren ist, ziehen wir Bilanz. Das abendfüllende Menü von Koch Juha hat uns ausgezeichnet geschmeckt, zudem können wir nun mitreden, was die Übertragung des Präsidentenempfangs betrifft. Ob das Spektakel für uns Wiederholung findet, steht natürlich noch in den Sternen, die in dieser Nacht nach all den grauen Wochen endlich mal wieder klar zu sehen sind.

Endlich! Zuerst war es nur ein Brummen von Maschinen, das sich konfus mit meinen Träumen vermischte. Dann, als ich mein Bett schon längst verlassen hatte, fiel mein Blick auf das Küchenfenster und die zehn Zentimeter hohe Schneeschicht, die sich auf dem äußeren Fensterbrett angesiedelt hatte. Nachdem die Schneepflüge den ganzen Morgen knatternd unten die Wege freigeräumt haben, sehe ich nun hinunter auf die verschneite Landschaft. Das Knoblauchhaus versteckt sich unter einer dicken Schicht frisch gefallenen Schnees, die Wälder in der Ferne liegen ruhig und eindeutig winterlich da. Obwohl heute der kürzeste Tag des Jahres ist und die Zeit von Sonnenaufgang (10.29) bis Sonnenuntergang (14.03) in Oulu nur gut dreieinhalb Stunden beträgt, lässt die frisch gefallene weiße Pracht die Welt wesentlich freundlicher, friedlicher und vor allem heller erscheinen als in den letzten Wochen. Dazu kommt der psychologische Aufheller, dass von nun an die Tage wieder länger werden, *kaamos* langsam an Kraft verlieren wird und schließlich im Laufe der nächsten Monate von dem immer weiter zunehmenden Licht zur Aufgabe gezwungen werden wird. Als ich mich gegen Mittag aufmache, um einzukaufen, dämpft der Schnee sämtliche Geräusche wie eine Wand aus Watte. Genauso wie in den hellen Sommernächten herrscht ganz plötzlich eine ungewohnte herrliche Stille, die jetzt nach Abzug der Schneeräumungsfahrzeuge nur von dem Knirschen meiner Schritte auf dem glitzernden Schnee durchbrochen wird. Selbst SPTs Stimme, die auf halber Strecke an meine Ohren dringt und die Wörter „*Hyvää joulua!* Frohe Weihnachten!" formt, klingt heute ungewöhnlich sanft, sogar mit einem Anflug von Besinnlichkeit, auch wenn ich aus den vergangenen Jahren weiß, dass er am Heiligabend vor allem Lemmy Kilmisters Geburtstag durch das Anhören der kompletten Diskographie von Motörhead eher laut als besinnlich feiert. *„Hyvää joulua!",* erwidere ich gutgelaunt und stapfe weiter in Richtung Supermarkt.

„När det blir kyligt ute är det dags för de oromantiska yllebyxorna." Dieser Satz fällt mir urplötzlich wieder ein, als ich einige Tage später eine halbe Ewigkeit damit verbringe mich anzuziehen. Wahrscheinlich wird er immer noch dazu genutzt, den Schwedischstudenten an der Uni eine korrekte Aussprache beizubringen, aktuell ist er noch dazu jedes Jahr aufs Neue. Das Thermometer nähert sich zielstrebig der -20, Zeit also für die „unromantischen Wollstrumpfhosen", die ich mir um sieben Uhr morgens im Halbschlaf umständlich überstreife. Es ist Heiligabend, und obwohl es zwischenzeitlich nicht einmal in Finnland gut aussah für eine weiße Weihnacht, wurde die Landschaft pünktlich ein paar Tage vorher zugerieselt. Dann wurde es kalt. Deshalb also watschle ich jetzt eingemummelt in meinem dicken Parka und besagten Wollstrumpfhosen in aller Herrgottsfrühe gen Ouluer Busbahnhof. Um neun Uhr fährt der Bus ab, der mich am frühen Nachmittag in Jyväskylä absetzen soll, damit ich dort Weihnachten mit Atte und seiner Familie verbringen kann. Im Gepäck habe ich ein Glas selbstgemachter Marmelade aus Preiselbeeren, Sanddorn und Apfel für seine Eltern und für Atte selber eine Flasche Teerschnaps, den er liebend gern in der Sauna trinkt.

Leider ist es erst zwanzig nach acht, als ich mit dem Lokalbus in der Stadt ankomme, und die Wartehalle am Busbahnhof ist geschlossen. Dutzende andere Reisende stehen in der Dunkelheit und ertragen stoisch die Kälte. Der Schnee glitzert im Schein der Straßenlampen wie tausend Diamanten. Meine Nase klebt zusammen. Ich friere. Als der

Bus eine halbe Stunde später Einlass gewährt, haben sich meine Füße trotz Wollsocken bereits zu tauben Eisklumpen verwandelt. Während ich noch versuche, wieder Leben in diverse Gliedmaßen zu bringen, erklärt der Busfahrer in aller Genauigkeit, wie heute auf dieser Strecke innerhalb des Busses verfahren wird, wo sich die Toilette befindet und in welchen Orten gehalten wird. Zum Abschluss wünscht er seinen Fahrgästen einen frohen Heiligabend, berichtet noch kurz über die Wetterbedingungen, die uns auf der Fahrt voraussichtlich erwarten, und drückt die Daumen, dass wir in ein paar Stunden vielleicht sogar die Sonne nach längerer Zeit einmal wieder zu Gesicht bekommen. Da sich an Bord auch einige Austauschstudenten auf dem Weg nach Helsinki befinden, gibt es die Ansage im Anschluss auch auf Englisch. Diese fällt wesentlich kürzer und emotionsloser aus als die finnische. „Welcome to this trip from Oulu to Helsinki. On this bus you can sleep or talk with each other or use internet. First we go to small places, then to Jyväskylä where we change driver, after that to Lahti City and Helsinki. Merry Christmas", fasst unser gerade noch so gesprächiger Fahrer die wichtigsten Fakten langsam und ohne merkliche Regung oder nennenswerte Intonation zusammen. Der finnische Akzent, der zwar auch immer etwas unbeholfen klingt, so als würde der Sprecher sich auf dünnem Eis bewegen, in das er jeden Moment einzubrechen drohe, ist meistens auch noch gut zu verstehen. Auch wenn aus der Sprechweise oft hervorgeht, dass sich manche Finnen in der fremden Sprache etwas unsicher fühlen, kommt man in Finnland im Vergleich zu vielen anderen Ländern sehr viel problemloser mit Englisch zurecht. Ein Zustand, der für Lerner des Finnischen vielleicht ein weitaus größeres Problem darstellt als die Sprache selber, ist man doch immer hilfsbereit mit der heutigen Lingua franca zur Stelle, sollte sich auch nur der geringste Grund ergeben anzunehmen, dass der Gesprächspartner kein Finnisch-Muttersprachler ist.

Die Wälder sind in Weiß gehüllt, die Äste der Bäume neigen sich unter der Last des Schnees, als wir an Pulkkila und Kärsämäki vorbei bis nach Pyhäjärvi kommen. Langsam wird es hell, die Existenz der Sonne zeigt sich nach vielen Wochen endlich mal wieder in einem gelblich-cremefarbenen Streifen am hellblauen und weißwolkigen Horizont. Zwischen den verschneiten Bäumen lugen schneebedeckte Dächer hervor, Rauch steigt aus so manchem Schornstein. Dazwischen unberührte Felder und scheinbar unendliche weiße Weiten, bei denen man nur erahnen kann, dass sich darunter Seen verbergen. Inzwischen werden sie schon den Schneemann geguckt haben, denke ich ein wenig wehmütig, als wir in Viitasaari halten. „Lumiukko" oder „The Snowman", ein britischer Zeichentrickfilm aus den Achtzigerjahren, gehört nicht nur bei Attes Familie zum Heiligabend dazu wie die Geschenke, sondern bildet auch für viele andere finnische Familien eine wichtige Weihnachtstradition. Die Übertragung des Films im Fernsehen beginnt allerdings schon um 11.30 Uhr, sodass ich darauf dieses Jahr verzichten muss.

Nach gut vier Stunden Fahrt komme ich in Jyväskylä an und werde von Atte und seinem ältesten Bruder Pasi abgeholt. Im Flur von Attes Elternhaus steht bereits eine bunte Schuhsammlung, die fünfköpfige Familie von Attes anderem Bruder Jyri wuselt durch das Haus – und ich werde unverzüglich in die Schlange für das Weihnachtsessen gedrängt. In der Küche stehen verschiedene Aufläufe, süßer Kartoffelauflauf, Möhrenauflauf und natürlich Leberauflauf mit Rosinen, Unmengen an Kartoffelbrei, ein ganzer Lachs und das wichtigste: *joulukinkku*. Der Weihnachtsschinken steht eindeutig im Mittelpunkt der finnischen Weihnacht und ist nahezu unverzichtbar. In den Tagen vor dem Fest werden die mehrere Kilo wiegenden Schinken aus Schweinefleisch tausendfach in Einkaufswagen gewuchtet, um dann viele Stunden lang im Backofen weihnachtsfertig gemacht zu werden. Bei Attes Familie hat jeder Haushalt seinen eigenen Schinken, der über die Feiertage verteilt gegessen wird, so dass niemand alleine auf den Heiligabend angewiesen ist. Auf dem Esstisch bei Attes Eltern finden sich zudem noch Unmengen an zusätzlichen Speisen, von verschiedenen Käsen, unterschiedlichen Brotsorten und kaltgeräuchertem Rentierschinken bis zu diversen Salaten und *rosolli*, einem bunten Potpourri aus gewürfelter Roter Bete, Möhren und Kartoffeln, angereichert mit Hering.

Ich lasse mich mit einem Haufen Kartoffelbrei und Möhrenauflauf nieder. Die Oma, die extra aus dem Süden des Landes angereist ist, drückt Atte ein Blutdruckmessgerät in die Hand, das sie beim Bingospielen gewonnen hat. „Dieses Jahr habt ihr euch aber auch ins Zeug gelegt mit dem Essen, meine Güte", stöhnt Jyris Frau Satu, und lässt ihren Blick über den Tisch voller großer und kleiner Schüsseln und Teller schweifen. Ich sortiere derweil die Weintrauben aus meinem Gurken-Tomaten-Blattsalat, Pasi bedankt sich bereits bei den Bescherern des Festessens und verlässt den Tisch wankend in Richtung Sofa, während die anderen sich schweigend mit der weiteren Nahrungsaufnahme beschäftigen. Attes Mutter bricht schließlich nach einer Weile die Stille und wendet sich erneut an mich. „Ich habe die ganze Zeit überlegt, was ich bloß machen könnte, um dich an deutsche Weihnachten zu erinnern. Gibt es denn so etwas wie ein deutsches Weihnachtsessen?" Ich denke nach und antworte, dass es wohl das deutsche Weihnachtsessen schlechthin, also etwas mit dem *joulukinkku* vergleichbares nicht gebe, man aber normalerweise auch irgendeine Art von Fleisch esse, obwohl meine eigenen Eltern dieses Jahr auf Suppen ausgewichen sind. „Jedenfalls habe ich dann ein Rezept für Stollen gefunden. Erst als ich damit fertig war, habe ich das Rezept zu Ende gelesen, und da stand, dass der vor Verzehr noch drei Wochen lagern sollte! Na ja, jetzt müssen wir ihn halt so essen." Ich bin verblüfft und auch ein bisschen gerührt. Einen selbstgemachten Weihnachtsstollen jedenfalls habe ich auch in Deutschland, soweit ich mich erinnere, noch nie gegessen.

Nach dem Essen klingelt es. *„Kukahan siellä tulee? Voisko se olla joulupukki?"* Ob das der Weihnachtsmann ist? Lilli, die jüngste Tochter von Attes Bruder Jyri, ist schüchtern und traut sich nicht, an der Tür nachzusehen. „Tja, jetzt ist er schon wieder weg, Lilli. Der hat es heute eilig und muss bei allen Kindern die Geschenke abliefern." Das kleine Mädchen schaut immer noch ungläubig, bis der große grüne Sack hereingetragen wird. Dass der *joulupukki* es so eilig hatte, dass er einfach den Geschenkesack dagelassen hat, scheint eine Erleichterung zu sein. Dem Treffen mit dem alten Mann, der den Rest des Jahres auf dem Korvatunturi-Berg inmitten lappländischer Einöde lebt und dann bei seinem Besuch in Mittelfinnland auch noch eine Herde gehörnter Rentiere mitbringt, ist Lilli dieses Jahr noch einmal entgangen. Amanda, ihre ältere Schwester, öffnet den Sack und teilt voller Eifer die Geschenke aus. Bald schon regiert ein Chaos aus buntem Geschenkpapier das Wohnzimmer, mehr und mehr Päckchen werden unter dem Weihnachtsbaum gefunden, aufgerissen und verschwinden schließlich wieder in einem Meer aus Papier, Schleifen, Pantoffeln und Schneeleopardenkissen. *„Ihanan pehmeää!"* Die gerade noch so stille Lilli hüpft um den Tisch herum, ist kaum zu bändigen und kost ihre neueste Puppe, die ein hellrosafarbenes Hasenkostüm trägt. Herrlich weich! Ich muss Atte einfach zuflüstern, dass mich diese Puppe daran erinnert, wie M. A. Numminen in seinen Kindstagen ausgesehen haben muss. Jener Numminen, der nicht nur in Finnland für seine schrägen Auftritte und Lieder bekannt ist und auch als über Siebzigjähriger noch zusammen mit Pedro Hietanen als Gommi & Pommi gelegentlich als Hase verkleidet auftritt. Lilli spielt noch mit der Numminen-Puppe, als es ein zweites Mal an der Tür klingelt. Nochmal der *joulupukki*? Ein verlaufenes Rentier? *„Hyvää joulua kaikille!",* ruft die zweite Oma fröhlich vom Flur aus in die Runde.

Als die Berge aus Geschenkpapier zusammengeräumt sind, Befindlichkeiten ausgetauscht wurden und auch der Numminen-Hase wieder verschwunden ist, da Jyris Familie sich inzwischen zu Satus Eltern aufgemacht hat, gibt es Kaffee und Kuchen. Vor uns stehen *joulutortut*, ein sternförmiges Weihnachtsgebäck mit einem Klecks Pflaumenmarmelade in der Mitte, *tiikerikakku*, Marmorkuchen, dessen Muster die Finnen anscheinend an ein Tigerfell erinnert, Plätzchen, und die von mir am Vortag gebackene Mohnrolle, immerhin ein ungarisches Weihnachtsgebäck. Dazu kommt der bunte Stollen, der von draußen hereingeholt wurde und inzwischen aufgetaut ist. Während der Kaffee in der Maschine rumort, vergleichen wir unsere Tassen. Auf Attes Tasse trifft Pikku Myy, die Kleine My, auf einen Eisbären, während der Rest der Mumin-Familie sich beim Skifahren abmüht. Auf einer anderen rücken Mumin und seine Freundin Niiskuneiti, das Snorkfräulein, am winterlichen Lagerfeuer nah zusammen. Attes Eltern sind Mumin-Tassen-Sammler und mit dieser Sammelleidenschaft nicht alleine. Fast in jedem finnischen Haushalt befindet sich mindestens eine, wahrscheinlicher mehrere bis unzählige Tassen mit den berühmtesten Figuren von Tove Jansson. Heute trinken wir aus Tassen mit Wintermotiven, in denen die sympathischen nilpferdartigen Wesen in allerlei schneereichen Szenen zu sehen sind. Damit die Mumins nicht erfrieren, wird schließlich der Kaffee eingegossen. In alle Tassen bis auf eine. Ich bin nämlich kein großer Fan von Kaffee. Und das, obwohl man in Finnland eigentlich immer Kaffee trinkt. Morgens zum Frühstück, um in die Gänge zu kommen, vorvormittags, vormittags, nachvormittags, mittags, vornachmittags, nachmittags, nachnachmittags, abends und zwischendurch zusammen mit einer *pulla*. Kommt jemand zu Besuch, wird sofort frischer Kaffee aufgebrüht. Werde ich dann rhetorisch gefragt, ob ich eine Tasse Kaffee nehme, antworte ich manchmal vielleicht zu ehrlich, dass ich lieber Tee trinke. Denn das bringt meine Gastgeber viel zu oft in Verlegenheit, rein aufgrund des Unwissens, ob denn überhaupt Tee im Haus ist. Schränke werden hektisch geöffnet, durchsucht, häufig finden sich am Ende auch ein paar Beutel aromatisierten Schwarztees, die mir dann mit einem erleichterten Lächeln überreicht werden. Man kann es nicht anders sagen: Ich bin ein komischer Vogel, ein Teetrinker eben. Attes Familie weiß das aber schon. *„Ottaako JASmina teetä?"*, ruft Attes Mutter aus der Küche, kocht Wasser nur für mich und stellt mir die Kiste mit den Teebeuteln vor die Nase. Obwohl sich bei mir nach dem üppigen Weihnachtsmahl eigentlich noch kein richtiger Hunger eingestellt hat, probiere ich natürlich den Stollen, der Attes Vater an Früchtebrot erinnert und tatsächlich ein bisschen danach schmeckt. „Was meinst du?", fragt seine Mutter mich schließlich erwartungsvoll, bis ich konstatiere, dass das Original, wie ich es kenne, sehr viel süßer, eine etwas weniger zuckerreiche Version aber durchaus willkommen ist.

Am Abend sitzen Atte, seine Eltern, die Bingo-Oma, Pasi und ich wieder am Tisch, diesmal mit einer Flasche Wein und einem Brettspiel. Nach kurzer Beratschlagung hat man sich dafür entschieden, nach dem Stern von Afrika zu suchen. Da weiß zumindest jeder, wie es geht. Obwohl *Afrikan tähti* fast seit Urzeiten das beliebteste Brettspiel in Finnland ist, muss ich zugeben, dass ich es noch nie gespielt habe. Da sich meine Begeisterung für das Lernen neuer Brettspiele, die komplizierter als *Mensch ärgere Dich nicht* sind, bisher meistens in Grenzen gehalten hatte, war mir wohl so eine Afrika-Karte mit Diamanten und Seeräubern und noch dazu Spielgeld bisher als unüberwindliche Aufgabe erschienen. Jetzt aber steht meine rote Spielfigur in Kairo. Als ich dran bin und eine Fünf würfle, bewege ich mich in südlicher Richtung und finde schließlich einen Smaragd. Während ich mich in den folgenden Runden vorsichtig weiter durch die Sahara vortaste, fliegen meine Mitspieler bereits mit dem Flugzeug nach Kapstadt oder nehmen ein Schiff nach Madagaskar. Am Ende verliere ich mein ganzes Geld an einen Seeräuber, andere werden versklavt, aber die Bingo-Oma bringt den Stern schließlich zurück nach Kairo und beendet damit das Spiel. Für den Rest des Abends bleibt uns noch die Weihnachtssauna, nach der ich nicht nur wegen der langen Afrika-Reise in einen tiefen Schlaf falle.

Als ich am nächsten Tag aufwache, sitzen die anderen schon in der Küche und trinken zum zweiten Mal Kaffee. Und während ich zum Frühstück *riisipuuro* in mich hineinlöffle, fragt Attes Mutter, wie es um meine Handarbeit steht.

Wir sind beide begeisterte Strickerinnen. Da ich erst vor ungefähr zwei Jahren angefangen habe, überhaupt stricken zu lernen, beschränkt sich mein Repertoire bisher lediglich auf Socken und Fäustlinge, wohingegen sie zusammen mit Attes Vater, der ebenfalls alle nur erdenklichen Arten von Handarbeit beherrscht, seit Jahrzehnten die gesamte Familie ausrüstet. *„Se on niin rentouttavaa"*, das ist so entspannend, sagt sie über das Stricken immer, und ich finde, dass sie recht hat, selbst wenn mein Stresspegel gerade dann ins Unermessliche ansteigt, wenn eine der Nadeln aus der halbfertigen Arbeit rutscht. Stricken lernt man in Finnland selbst heute noch in der Schule. Zudem ist es bei allen Altersklassen gleichermaßen beliebt, keineswegs nur eine Beschäftigung für ältere Frauen. Auch an der Uni sieht man immer wieder, wie jemand in einer Vorlesung nebenbei mit einem Nadelspiel beschäftigt ist.

Dass Attes Mutter leidenschaftlich gerne strickt, das sieht man spätestens beim Betreten der Sauna, in die sie mich heute zu einer Besichtigungstour mitnimmt. Wie in einem Wollladen türmen sich dort die bunten Wollknäuel, die sie vermutlich hier aufbewahrt, damit sie nicht überall im ganzen Haus im Weg herumliegen. Es findet sich rote Wolle, dunkelblaue, hellgrüne, dicke flauschige, mehrfarbige, kunterbunte. Ich fühle mich wie ein Kind vor einem Bällebad, würde am liebsten eintauchen in die weichen Fluten. Neben der industriell gefärbten Wolle liegen in einem Korb ein paar runde Knäuel in verschiedenen Grün-, Gelb-, Braun- und Grautönen, die Attes Eltern selbst mithilfe von verschiedenen Pflanzen gefärbt haben. Nach der Führung durch das Wollsammelsurium nimmt Attes Mutter die Arbeit an einer wollenen Weihnachtskugel mit weiß-rotem Sternmuster wieder auf. Alle Muster, die ich bisher versucht hatte, auf den

Schaft von Socken zu stricken, machten die Fußbekleidung so eng, dass sie nahezu untragbar wurden. „Da musst du den Faden, den du im Moment nicht benutzt, ab und zu mal hier herumführen, dann wird das nicht mehr so eng", unterrichtet sie mich und zeigt, wie sie den weißen Faden nach spätestens fünf Maschen wieder einarbeitet, damit sich keine überlangen Stränge auf der Rückseite ergeben. So einfach. Schnell lässt sie den Wollball wachsen und macht mir nebenbei das vielleicht schönste Weihnachtsgeschenk. „Such dir von der Wolle gerne was aus. Das sammelt sich hier doch alles nur an. Nimm dir, was du brauchen kannst!" Wahrscheinlich weiß sie in dem Moment gar nicht, was für eine Freude sie mir mit diesem Angebot macht. Vorsichtig öffne ich die Schatztruhen, sichte viele dutzende Knäuel in den unterschiedlichsten Farbschattierungen – und brauche wohl eine Stunde, um mich zu entscheiden, so groß ist die Auswahl. Als sie mir dann noch eine Reihe von Strick- und Häkelnadeln in verschiedenen Größen in die Hand drückt, obwohl ich ihr sage, dass ich ihnen auf keinen Fall etwas wegnehmen will, was sie selbst noch brauchen, wird mir klar, dass ich sofort wieder anfangen will mit dem Stricken.

So sitze ich drei Tage später gerade zuhause in einem bunten Meer aus Wolle und stricke an einer Socke in unterschiedlichen Lilatönen, als er wieder anfängt zu lachen. Ein kurzes, prägnantes Lachen, das plötzlich in Erscheinung tritt und dann schnell in der Luft verpufft. Fast ein Husten, aber eben doch ein Lachen. Oft bleibt es bei einem einzelnen Lacher, besonders nachts können aber auch mehrere davon in kurzen Intervallen auftreten. Dabei bleibt die Realisierung meistens gleichförmig und konstant. Hähä. Hähä! Hähä. Ganz selten hört man auch: Ha! oder gar: Hahaha, entweder als trockenes und sachliches Lachen oder in der verspielten Version mit leicht glucksendem Unterton. An manchen Tagen geht es gar hoch bis zum Klimax, einem schreienden Lachhusten, das aus ihm herausbricht wie Wasser durch einen gebrochenen Damm. Der Verursacher ist aller Wahrscheinlichkeit nach der Nachbar aus dem siebten Stock. Bisher hat nichts den geringsten Aufschluss über das wie aus der Pistole geschossene Lachen oder mögliche Auslöser geben können. Befindet er sich außerhalb seiner Wohnung, bleibt er völlig stumm. Dann steht der Mann, der mich um drei Köpfe überragt, abwesenden Blickes im Aufzug. Die schwarzen, dünnen Haare hängen ihm in langen Strähnen vom Kopf, die schier endlosen Fingernägel scheinen noch während der Fahrt hinunter ins Erdgeschoss sichtlich zu wachsen. Unten angekommen führt er seine einäugige Katze an einer pinkfarbenen Leine vor dem Haus spazieren. All dies geschieht ohne jegliche Laute oder Regung. Ist er allerdings wieder zuhause, beginnt das Gelächter. Wie in einer amerikanischen Comedy-Show liefert er das Hintergrundlachen für unser Leben. Nach jedem Satz, sei er auch noch so unlustig, ohne Pointe, kann sich das Lachen wie von Geisterhand einblenden und aus dem eben Gesagten doch noch einen Höhepunkt machen. Sogar Stille versteht es gekonnt aufzupeppen. Nach dem Grund zu fragen, sich zu überlegen, ob er nachts Filme sieht, ob es so viele lustige Filme auf der Welt überhaupt geben kann oder was da ansonsten so vor sich gehen könnte, würde keinen Sinn ergeben. Der seltsame Witzbold ist eben wie die Hexe im Fenster: Vollkommen unerklärlich, aber vertrauter Alltag. Wobei ..., was wäre eigentlich, wenn der großgewachsene Lacher regelmäßig mit der Hexe in Verbindung stände? Wenn die Hexe, die nachts meistens nicht auf ihrem Posten steht, genau dann dem Lacher die Geschehnisse des Tages durchgäbe? Mit ihm zusammen die besten Geschichten des Tages noch einmal Revue passieren ließe, den Betrunkenen mit offener Hose auf dem Fahrrad, die Gruppe nackter Studenten bei ihrer Joggingtour... Und was, wenn er tagsüber gar zu allem Überfluss noch mit dem Frosch telefonierte? Wäre doch gelacht, wenn das nicht eines Tages ans Licht kommen würde!

Tammikuu

*Von der Hausverschwörung, Flamenco-tanzenden
Rentieren und dem Otterproblem*

„*Säässä jälleen raju käänne!*" Meine Güte, denke ich. Es steht uns eine erneute dramatische Wendung der Wettersituation bevor. Erst wird es mild, dann sollen Stürme folgen. Wo genau, darüber schweigt sich die *Ilta-Sanomat* aus, aber vermutlich handelt es sich wie gewohnt um die südlichen Teile des Landes. Zumindest hier oben in der Nähe des Nordpols hat diese Wendung sowieso bereits stattgefunden. Ich zumindest weiß manchmal gar nicht, was ich anziehen soll. Ob es ein Unromantische-Wollstrumpfhosen-Tag ist oder ob auch die Frühlingsjacke reicht. Was am Vortag, ja, selbst vor einigen Stunden war, muss jetzt schließlich schon längst nicht mehr gelten. Gestern noch erzeugte die minus-22-gradige klirrende Kälte bei klarem Himmel eine nahezu märchenhafte Landschaft aus Bäumen voller gefrorener Zweige und verschneiten Baumwipfeln. Heute sagt mir schon das Lärmen der nimmermüden Schneeräumungsfahrzeuge, dass sich eine Änderung der Situation ergeben hat. Die Schneehöhe ist rapide angewachsen. Zudem ist es zwanzig Grad wärmer als gestern. Die Temperaturkurve des Wetterberichts schlägt seit Weihnachten aus wie ein wildgewordenes Pferd.

Unten vor der Außentür des Knoblauchhauses unterhalten sich die Nachbarin aus dem vierten Stock und die aus dem achten, die uns schräg gegenüber wohnt. Beide gehören zur Hausverschwörung, der eingeschworenen Hausgemeinschaft, die ihre Treffen sommers auf der großen Holzschaukel auf dem Grillplatz abhält. Da sitzen sie, sammeln sich bereits in den Morgenstunden wie ein Vogelschwarm, manche stricken, und unterhalten sich über die Kaijonharjuer Nachbarschaft, zumindest seit der neue Kammonen sein Amt angetreten und seine Pfleglinge ein bisschen unter seine Fittiche genommen hat. Wenn er gerade mal nicht fleißig mit seinen Hausmeisterarbeiten und neuen Bauprojekten beschäftigt ist, um das Zusammenleben in unserem Block noch angenehmer zu gestalten, gesellt er sich gerne zu den anderen auf die Schaukel und nimmt selbst teil an den Versammlungen. Jedes Mal, wenn die Tür unseres achtstöckigen Hauses sich öffnet, das Schloss aufschnappt, drehen sich alle Köpfe, um zu sehen, wer es ist, der aus seinem Nest beziehungsweise seiner Wohnung gekrochen ist. Der Hausverschwörung entgeht nichts. So findet sich der ganze Schwarm im Laufe des Tages auf der Schaukel ein, jedes auf den Plan tretende Mitglied der Verschwörungsfamilie wird besonders vom neuen Kammonen herzlich begrüßt. *„Huomenta, Paula!", „No, terve!",* schallt es dann über den Spiel- und Grillplatz, begleitet von gelegentlichem Klopfen auf die Schultern seiner Lieblingsbewohner. Über unser nun nicht mehr ganz so neues Zuhause kann man viel sagen, aber nicht, dass es anonym wäre. Das meint auch Atte. Gerade letzten Sommer wurde zur Einweihung des neuen Grillhauses ein Grillfest veranstaltet, ähnlich dem Abschied des alten Kammonen mit Essen und einer Schlagerband. Den Sänger im rosafarbenen Hemd hatte ich schnell als den Nachbarn aus dem C-Haus identifiziert, dessen Tochter bei uns im Haus wohnt. Während des Festes biss mein Freund nachdenklich in die *makkara*, die ihm der neue Kammonen gerade auf einen Teller geladen hatte, und stellte dann fest:

„Also, so eine Gemeinschaft in einem Mietshaus habe ich noch nie erlebt. In allen anderen Wohnungen, in denen ich gewohnt habe, habe ich meine Nachbarn nie gekannt." Obwohl ich ganz und gar kein überdurchschnittlich geselliger Mensch bin, stelle ich mir das irgendwie traurig vor. Tiina sah das damals ganz anders. Es nervte sie am Ende gewaltig, dass jeder zweite Mensch, dem sie hier um die Uni herum begegnete, ein Bekannter war. Schon bald nach dem Studium packte sie ihre Sachen und zog in die Anonymität nach Helsinki, wie viele andere der Arbeit hinterher. Doch gerade die Dorfatmosphäre, die sich im Prinzip durch ganz Kaijonharju zieht, die Übersichtlichkeit des Stadtteils, die sonderbaren Begegnungen, die manchmal schrulligen Menschen, auf die ich immer wieder treffe, sind es, die mir das Gefühl geben, zuhause zu sein. Jetzt im Winter, wenn die Schaukel vereinsamt ist, habe ich den Verdacht, dass die Treffen im gerade neu errichteten Handarbeitsraum stattfinden. Vor ein paar Monaten tauchte nämlich am schwarzen Brett neben der Tür ein Zettel auf: *„Juttutupa, maanantaisin klo 18-20 käsitöiden merkeissä. Tervetuloa!"* Montagsabends trifft man sich im Zeichen der Handarbeiten zum Plaudern. Jeder Bewohner des Hauses ist willkommen, allerdings vermute ich, dass dort genau dieselben Gesichter auftauchen wie auf der Schaukel im Sommer.

Die beiden Damen von der Hausverschwörung unterbrechen ihre Unterhaltung für einen Moment und grüßen. „Ihr wart ja auch weg…Wie waren die Weihnachtsfeiertage?" Atte und ich sind erstaunt, wenn auch nicht sehr. Somebody's watching us. Vielleicht die Hexe. „Ach, wenn jemand ein paar Tage nicht zuhause ist, bleibt das hier nicht lange ein Geheimnis. Jetzt gucken wir mal, was mit der da oben los ist. Die haben wir schon länger nicht mehr gesehen."

Inzwischen streiten sich auch die Vokale wieder in meinem Samischkurs, der in diesem Semester doch arg zusammengeschrumpft ist. Ein Großteil der Teilnehmer hatte genug von den Auseinandersetzungen, sodass sich dieses Mal nur noch rund ein Dutzend Studenten als Streitschlichter betätigen. *„Buorre beaivi!"*, ruft unsere Lektorin in die Runde. *„Ipmel atti!"*, schallt es von den Bänken zurück. Wieder einmal widmen wir uns Biret-Ingá und Máhtte. Seit dem Anfang des ersten Bandes unseres Lehrbuches hat sich viel ereignet. Máhtte, der lässige Same mit Jeansjacke, hatte sich Biret-Iŋgá im ersten Kapitel einfach einmal unverbindlich vorgestellt, ihr im nächsten Kapitel bereits mit Blumen zum Geburtstag gratuliert, und dann war alles ganz schnell gegangen. Im Nu wurde Máhtte Biret-Iŋgás Eltern vorgestellt, vor denen er gleich mit seinem neuen Schneemobil angab. Heute liegen die beiden mit ihren Schuhen aus Rentierfell zusammen in einem Zelt, Máhtte natürlich oben ohne. Wie auch in den letzten Stunden geht es um die Adjektive und ihre Steigerungsformen. Die Adjektive sind, wie schon zu befürchten war, ein etwas komplexes Thema im Nordsamischen. Bei der Steigerung eines Adjektivs kommt es darauf an, zu welchem der drei Worttypen es gehört, wie viele Silben es hat, welchen nordsamischen Dialekt man spricht und letztendlich auch, welche Form besser auf der Zunge liegt. Glücklich, glücklicher. So einfach das im Deutschen erscheint, der Nordsamischsprecher im östlichen Verbreitungsgebiet sagt *lihkolat, lihkolut* oder *lihkolabbo*, wenn er sich glücklicher als glücklich fühlt, während derjenige in den westlichen Teilen *lihkolet* oder *lihkolaččat* für das richtige Wort hält. „Aber das kann von Dorf zu Dorf variieren. Fast jede Familie spricht anders", verwirrt uns die Lektorin noch mehr. Bereits von Beginn an hatte es zahlreiche Variationen gegeben, zum einen in der Schreibweise, die für das Nordsamische immer noch nicht so ganz hundertprozentig standardisiert erscheint, zum anderen durch die Einteilung in Ost- und Westdialekt. Die Unterschiede liegen dabei in der Aussprache, im Wortschatz und eben auch nicht zuletzt in der Flexion von Wörtern. „Ich würde euch raten, euch an den Ostdialekt zu halten. Wisst ihr auch warum? Da gibt es in einigen Fällen im Gegensatz zum Westdialekt keinen Stufenwechsel." Immer noch ist die Verwirrung groß, als wir eine Übersetzungsübung vergleichen. Als die Sätze an der Tafel stehen, flüstert eine Studentin mit bekümmerter Miene über die Tischecke zu ihrer Kommilitonin. *„Kaikki erinäköisiä kuin mitä mulla on."* Auch meine Sätze sehen größtenteils vollkommen anders aus als das, was vorne angeschrieben wurde. Bei der Korrektur rätseln wir lange und ausgiebig zusammen mit der Lektorin, wie es grammatikalisch richtig sein könnte. Nach dieser kraftzehrenden und zeitintensiven Aufgabe hat sie aber noch etwas leichter Verdauliches. „Demnächst sind auch die *porokarnevaalit* in der Stadt, wenn da jemand hingehen möchte. Wusstet ihr, dass es im Samischen Dutzende von Bezeichnungen für Rentiere gibt? Je nachdem, wie alt das Rentier ist, welche Fellfärbung es hat, ob es männlich oder weiblich ist, ob es ein Junges hat oder keines bekommen kann, ob es ein Geweih hat oder nicht, und wie die Hörner dabei ausgerichtet sind … Da fällt mir ein, wir hatten einmal sogar eine Abschlussarbeit über Rentiergeweihe." Der Rentierkarneval, der in Oulu schon seit einigen Jahren auf dem Marktplatz stattfindet, ist im Februar und bietet neben einem kleinen Markt mit Rentierprodukten und samischem Handwerk vor allem Rentierrennen als Höhepunkt des ganzen Spektakels. Im Gegensatz zu den Vorjahren verzichtet man wohl inzwischen auf die Flamenco-

Darbietungen. So richtig hatte mir das „Aufeinandertreffen von nördlicher und südlicher Kultur", wie diese ungewöhnliche Kombination bis dahin von den Veranstaltern erklärt wurde, die umherwirbelnden spanischen Señoritas in ihren wallenden Röcken neben der Herde gehörnter Rentiere, nie eingeleuchtet. Jetzt aber, als ich auch die Superlativformen vor mir sehe, meine ich in meiner Verwirrtheit schon mögliche sprachliche Parallelen zu erkennen. *Lihkolamos, divrasamos, apmasamos* ... mir kommt das Ganze plötzlich ausgesprochen spanisch vor. Vor meinem inneren Auge tanzen die Rentiere bereits Flamenco.

Dann geht es um die Hausaufgaben. Als ich mir das ausgeteilte Blatt genauer ansehe, bemerke ich, dass die Aufgabe aus einem schwedischen Lehrbuch stammt. Auch die Übersetzungen der einzusetzenden Adjektive sind auf Schwedisch. Timi ist entsetzt. „Hyi! Das ist ja auf Schwedisch!" „Das könnt ihr doch alle", grinst unsere Lektorin. Damit hat sie sich in die Stierkampfarena gewagt und ein Thema angesprochen, das vielen Finnen wie ein blau-gelbes Tuch ist. Schwedisch, das hatten tatsächlich alle in der Schule, aber auf gar keinen Fall gerne. Die Gründe für die Unbeliebtheit der zweiten Amtssprache in Finnland findet man wohl vor allem in der finnischen Vergangenheit. Der Status des Schwedischen als einzig offizielle Verwaltungssprache während der schwedischen Herrschaft über Finnland und sein damaliges hohes Prestige gegenüber der „Bauernsprache" Finnisch machen das Schwedische auch heute noch zum absoluten Pflichtprogramm in der Schule und selbst an den Hochschulen. Das heißt unabhängig davon, was man studiert, ohne den obligatorischen Schwedischkurs gibt es in Finnland keinen Abschluss. „*Pakkoruotsi*", das Zwangsschwedisch, wird immer mal wieder hitzig diskutiert. Manche legen als Argument gegen das Festhalten an den Pflichtkursen in den Schulen vor, dass beispielsweise im Osten des Landes das Finnlandschwedische keine Verbreitung hat, und schlagen deshalb vor, dass man stattdessen dort zum Beispiel als sinnvolle Alternative Russisch unterrichten könnte. Ohnehin liegt der Anteil der schwedischsprachigen Bevölkerung Finnlands nur bei circa fünf Prozent, und auch diese Gruppe spricht größtenteils perfekt Finnisch. Bis jetzt hält man wohl eher aus historischen denn aus praktischen Gründen am Zwangsschwedisch fest, zum Unmut vieler Schüler und Studenten, die trotz vieler Jahre motivationslosen Lernens meistens im Endeffekt immer noch nicht annähernd fließend Schwedisch sprechen. Hin und wieder kommt mir bei diesen Diskussionen in den Sinn, welche Rolle Latein zu meiner Studienzeit an deutschen Universitäten als Voraussetzung für die Aufnahme vieler Studiengänge spielte, vielleicht immer noch spielt. Zugespitzt gefragt: Ist Schwedisch also so eine Art Latein von Finnland? Henkka meint nein. „Latein ist doch noch cool. Damit kann man Leute beeindrucken. Aber auf wen willst du mit diesem schwedischen Singsang Eindruck machen?"

Zum weiteren Programm meines Studiums „Finnougristik auf eigene Faust" gehört zudem ein Ungarisch-für-Fortgeschrittene-Kurs der Finnisch-Ungarischen-Gesellschaft. Mein eher ungewolltes Abenteuer in einem alten Pfarrhaus vor der ersten Stunde hätte ich mir sparen können, wäre ich einfach nach meiner normalen Angewohnheit zu spät gekommen. Um 17.30 Uhr sollte der Kurs anfangen, so stand es auf der Internetseite der Gesellschaft geschrieben. Als Veranstaltungsort war das Vanha Pappila auf der Asemakatu angegeben. Da mir die Räumlichkeiten vollkommen unbekannt sind, nehme ich einen früheren Bus, um Zeit genug zum Suchen zu haben, sollte das Pfarrhaus nicht gleich ins Auge stechen. Das tut es jedoch. Ich bin auf der Asemakatu, und auf dem beleuchteten Schild an der Hauswand steht in großen Buchstaben „*Vanha Pappila*". Bei der kurzen Abwägung, ob ich das Gebäude bereits eine Viertelstunde zu früh betreten soll oder lieber draußen warten soll, gewinnt die Kälte. Ich ziehe an der Holztür, die sich schnarrend öffnet. Im Flur, in dem sich hinter zwei weiteren Holztüren je eine Toilette befindet, brennt Licht. Die Tür geht trotz großer Kraftanwendung nur schwer zu. Ich erleichtere mich. Als ich wieder in den Flur zurückkehre, hat sich nichts verändert. Vor mir liegt eine Treppe, die zurück auf die Straße führt, links eine geschlossene Tür, rechts Dunkelheit. Wo genau, in welchem Raum, der Kurs stattfindet, weiß ich nicht. Dazu wurde auf der Seite keine Angabe gemacht. Es ist zwanzig nach fünf. Vielleicht sitzen die anderen bereits irgendwo in einem anderen Teil des Hauses. Ich klopfe an die Tür zu meiner linken Seite. Niemand antwortet. Ich drücke die Klinke herunter, lehne mich gegen die Tür, die vermutlich genauso verklemmt ist wie die der Toilette. Als auch mein gesamtes Körpergewicht nicht ausreicht, um in den Raum zu gelangen, muss ich einsehen, dass es keinen Sinn hat. Das Zimmer ist abgeschlossen. Auf der gegenüberliegenden Seite des Flurs führt ein Gang in die Dunkelheit, so scheint es. Als ich mich widerwillig auf den Weg mache, meine Gruppe irgendwo weiter hinten im Haus zu finden, in dem man wahrscheinlich nur vergessen hat, das Licht anzulassen, bemerke ich, dass es ein kleiner Saal ist, der dort nur von den Straßenlaternen leicht erhellt vor mir liegt. Meine Schritte knarren auf dem Boden, der wie alles in dem

Haus aus Holz ist, und es riecht nach Weihrauch, während ich den Raum erkunde. Im Saal steht ein langer Tisch mit Stühlen. Verteilt auf dem Tisch liegen Bücher. Als ich näher komme, kann ich den Titel erkennen. *Virsikirja*. Gesangbücher. Auf der anderen Seite des Saals befinden sich im Dämmerlicht eine kleine Orgel und weitere Türen, die sich wahrscheinlich nicht öffnen lassen. Ich nehme den offenen Durchgang, der am Ende des Raumes wie aus dem Nichts erscheint, und sehe mich vorsichtig um. Sofas. Kissen. Ein Glastisch. Gesangbücher. Der Geruch von Weihrauch. Auf der rechten Seite ein Türrahmen ohne Tür. Mehr Dunkelheit. Eine Holztreppe, die nach oben führt. Stairway to heaven. Als das Holz mal wieder unheilvoll in die Stille hinein knackt, habe ich genug. Niemand lernt an diesem Ort Ungarisch. Wie die Motte zum Licht zieht es mich zurück zu den Toiletten. Dort warte ich, bis jemand kommt, auch wenn ich mich inzwischen frage, ob das Haus heute noch von anderen Menschen betreten wird, und wenn ja, was diese vorhaben. Vielleicht befinde ich mich schon bald in Gesellschaft des Pfarrers der nahegelegenen Domkirche und seiner Jünger, die mit fester Stimme und unter Begleitung der kleinen Holzorgel religiöse Gesänge aus dem Gesangbuch vortragen, während ich bete, die Kirchenlieder mögen einen Moment verstummen, damit ich dem Pastor erklären könnte, dass das hier alles ein Irrtum war, dass ich Ungarisch lernen wollte, dass ich ansonsten gar nichts in einem Pfarrhaus verloren hatte. Niemand würde mir glauben. Gerade als ich über meine momentane und eventuelle zukünftige Situation nachdenke, knarrt die Außentür. Hoffnungsvoll, nein, hocherfreut, stürze ich auf die Frau zu, die sich ihren Weg von der Tür über die Treppe in den Flur bahnt. „*Oletko menossa unkarin kurssille?*", schreie ich ihr fast entgegen. Jetzt, um halb sechs, wird sie doch wohl sicher zum Ungarischkurs kommen! „*En ole*", verneint sie, und erklärt, dass sie uns nur die Tür aufschließe. „In welchem Raum seid ihr denn immer? Hier?" Sie zeigt auf das bisher verschlossene Zimmer, in das ich schon versucht hatte einzubrechen. Ich kläre sie auf, dass dies meine erste Stunde in diesem Kurs sei, und beobachte, wie sie die Stühle und Tische geräuschvoll über den Holzboden zieht. Als sie damit fertig ist, hastet sie in die dunklen Räumlichkeiten, in denen ich mich gerade auf der Suche nach menschlichen Anzeichen bereits umgesehen hatte. Kurz darauf wirft sie mir ein „*heippa*" zu, stürmt wie ein Blitz an mir vorbei und ist verschwunden. Wieder stehe ich alleine in der Stille. Die Uhr zeigt zwanzig vor sechs an. Ich beschließe, den Raum zu betreten, der eben noch zu war, jetzt aber offen und sogar beleuchtet ist. Stur setze ich mich auf einen der so lange zurechtgerückten Stühle. 17.30 Uhr, *Vanha Pappila*, in Oulu, auf der Asemakatu. Immer wieder gehe ich diese Wörter durch. Es gibt nichts, aber auch gar nichts, was ich daran hätte falsch verstehen können. Um mich herum hängen goldgerahmte Porträts von Leuten, die irgendwann einmal wichtige kirchliche Ämter innehatten. In einer Ecke steht ein weißes Klavier, daneben zwei Notenständer. Auch in diesem Raum wimmelt es nur so von Gesangbüchern, Alten Testamenten und Bibeln in einer Kiste. Wenn der Pfarrer jetzt mit seinem Gefolge reinkommt, dann war es das. Bestimmt muss ich mitsingen.

Plötzlich höre ich das inzwischen wohlbekannte Knarren der Tür ein weiteres Mal. Ich bleibe sitzen, versuche ruhig zu bleiben. Angelockt von dem Licht steckt ein älterer Mann den Kopf in den Saal. Wieder frage ich, ob er vielleicht zum Ungarischkurs gekommen ist, auch wenn ich das kaum mehr erwarte. „*Tikkstttaasttok ... kkpääpnk*." Auch wenn ich froh bin, dass der Mann mit mir spricht – von dem, was er brummelt, verstehe ich kein Wort. Ich gehe davon aus, dass es Finnisch war, aber es könnte genauso gut Ungarisch gewesen sein, oder auch Nganasanisch. Aufgrund meiner Lage, die mir in den letzten Minuten leicht merkwürdig bis absurd vorgekommen ist, hoffe ich jedoch inbrünstig, dass es vielleicht Ungarisch war. Als der Mann aus dem Türrahmen verschwindet, merke ich, dass es zwei Menschen sind, die gerade das Pfarrhaus betreten haben. Ich packe den Haufen, der sich auf dem Stuhl neben mir angesammelt hat – Parka, Schal, Handschuhe, Mütze, Tasche – zusammen und treffe erneut auf den Mann, der gerade seine Jacke ablegt, sowie auf ein Gesicht, das mir jetzt so wunderbar bekannt vorkommt wie noch nie. Eszter. Meine allererste Ungarischlehrerin vor viereinhalb Jahren. Zuerst erinnert sie sich nicht an mich, dann platzt es aus ihr heraus. „*Niiiin*, du warst doch bei mir im Kurs an der Uni! Das ist ja lange her. Wie hast du danach weiter Ungarisch gelernt?" Augenblicklich löst sich die Anspannung, die mich vor ein paar Momenten noch fest im Griff hatte. Nur kurze Zeit später, während ich mich noch mit Eszter über die vergangenen paar Jahre unterhalte, wird der Raum erfüllt von mehr und mehr Menschen, die ganz und gar nicht so aussehen, als würden sie heute zu einer kirchlichen Gesangstunde antreten. Man hatte nur einfach die Internetseite der Finnisch-Ungarischen-Gesellschaft spät, am Vorabend, aktualisiert und ich hatte nicht mehr reingesehen. Nun aber weiß ich, dass der Kurs erst um 18 Uhr beginnt. Und dass mich im Pfarrhaus auch vorher niemand zum Singen zwingt.

Ein altes Sofa, ausgestattet mit Siebzigerjahre-Blümchenkissen. Restfritten auf einem Teller. Leute, die wortlos zusammen an einem Tisch sitzen und ihre Smartphones streicheln. An einem der beiden Spielautomaten sitzt ein Mann mittleren Alters. Gerade hat er seine Kreditkarte in den dafür vorgesehenen Schlitz gesteckt und ist eingetreten in die bunte Spielwelt. Gebannt starrt er auf den Bildschirm, die sich rasch ändernde Kombination aus Farben und Formen. Draußen sind Menschen in Overalls im Schnee unterwegs zu irgendeiner Party, wir sitzen im 45 Special. Es ist Mittwochabend, oder auch *pikku-lauantai*, der kleine Samstag, Ausgehtag unter der Woche. „Ist es ausverkauft?", hatte Atte am Eingang gefragt, als der Türsteher uns außer den Eintrittskarten die Gebühr für die Garderobe abnahm. „Nein, nein", hatte der geantwortet. Der Mann am Spielautomaten reißt die Hände nach oben. *„Mikko! Tuu kattoo!"* Mikko kommt in Windeseile gucken. *„Oikeasti*, wie ist das möglich?!" Gemeinsam tippen sie aufgeregt auf dem Bildschirm herum. Mikko setzt sich schließlich auf den Nebenstuhl und fängt an, seinerseits Geld für weitere Getränke zu erspielen oder alles zu verlieren. Wir warten. Der Mann an der Garderobe tigert in seinem Käfig aus Jacken umher. Plötzlich ein Schrei. Wie ein Blitz schießt der Barkeeper hinter der Theke hervor, erreicht rennend die Gestalt mit dem gescheckten Hemd in Sekundenschnelle und entreißt ihr das Getränk. Jemand hatte versucht, mit einem Glas Bier die Raucherzelle zu betreten. Das ist natürlich strengstens verboten. Amüsiert von den wohlbekannt wunderlichen Alkoholgesetzen falten Atte und ich Flyer auf dem Tisch zusammen.

Die Zeiger der Uhr rücken wie in Zeitlupe nach vorne. Es ist kurz vor Mitternacht, wir gehen hoch. Am Rand der Bühne steht er bereits in den Startlöchern. Kalle, genauer gesagt AlfaKalle, in knallengen Spandexhosen in einem grellen Pink, eine schwarze Gürteltasche aus Leder um den Bauch geschnallt, umhüllt von einem wehenden roten Umhang und mit rosafarbenen Wollsocken an den Füßen. Der bonbonfarbene Schmetterling, den die Vorband als Bühnenhintergrund hinterlassen hat, verleiht ihm noch zusätzliche Flügel, als er mit seinem Konzert loslegt. So steht er an diesem Mittwochabend alleine auf der Bühne und singt, während er sich samt langem Bart und zibbeligen Haaren wie ein Baum im Wind im Rhythmus hin und her bewegt und dabei seine ganz persönliche Auffassung von Popmusik zum Besten gibt. Kalle liebt Modern Talking, nimmt sich selbst am wenigsten ernst und hat seinen Künstlernamen an Alphaville angelehnt. Kalle ist aber eben nicht Ville, sondern Kalle. AlfaKalle rückt seine Gürteltasche noch einmal zurecht, lässt zwischen den verstörenden bis fröhlichen Songs ein zusammengekürztes und gezischtes *„Toss!"* als Dank erklingen und singt dann auf Deutsch von Papier. Genauer gesagt von einem Mangel an Papier, aufgeführt im Rammstein-Stil und mit einem Schuss Dramatik. „Was willst du kaufen? Papier ist ein Konsumprodukt, das jeder Mensch sucht. Aber manchmal ist es eine Farce, und das ist gut für meinen Arsch! / Ein, ich will. Zwei, ich will. Drei, ich will. Vier, ich will – Papier! / Papier ist ein Konsumprodukt, das jeder Mensch braucht. Man macht es aus Regenwald, und man braucht es sehr bald! / Papier, ich will Papiiiier! / Jetzt ich habe keinen Stück, ich habe nur schlecht Glück und leere Hände, das ist jetzt mein Ende. / Mein Gott im Himmel, gib mir ... Papier! Papier, Papier! Ich brauch es hier!" Der letzte schrille Schrei nach Papier, der sich nach oben schraubt wie eine gläserne Spirale, ist kaum verklungen, da folgt auch schon das sogenannte *„paita-biisi"*, ein langsames Stück, an dessen Schluss Kalle sich unter lautem Jubel das T-Shirt noch am Leib zerreißt. *Toss!* Als Kalle die Bühne verlässt, übernehmen Discomusik und bunte Lichter den Raum. Draußen schneit es immer noch. Kalle ist nicht ganz zufrieden mit seiner Vorstellung, auch wenn ihm Henri versichert, dass alles glatt gelaufen ist. Ob Kalle sich selbst in seiner Rolle als AlfaKalle wohlfühlt, ob das Konzert überdurchschnittlich gut gelaufen ist, das merkt man spätestens daran, dass er bei ausgelassener Stimmung unabhängig von der Jahreszeit seinen mit Abstand liebsten Song ans Ende hängt, dann wenn er schon längst nur noch mit seinen Spandex bekleidet zusammen mit dem Publikum „Last Christmas" singt. Heute ist die Stimmung etwas gesetzter, vielleicht, weil sich Kalle auch in diesem Jahr wieder an den *tipaton tammikuu* hält und um seinen Bart gewettet hat, dass er den ganzen Januar über keinen einzigen Tropfen Alkohol zu sich nimmt, oder weil an einem Mittwochabend doch nur wenige den Weg ins 45 gefunden hatten.

Gleich einem geheimen Zauberspruch schweben die Laute durch die Wohnung. Ganz so, als würde er damit eine magische Wirkung erzielen wollen, flüstert Atte vor sich hin. Erst als ich die Ohren spitze und mich anstrenge, erkenne ich ganze Wörter. Aalraupe. Karpfen. Marderhund. Erdkröte. Wiedehopf. Gletscherfloh. Fischotter. Plötzlich eine Pause des Schweigens. Einen Moment später kommt er zu mir ins Zimmer. „Das ergibt doch gar keinen Sinn", fängt er an und steht mit einem Stapel Blätter in der Hand vor mir. „Warum heißt es erst Fischotter, aber dann auch Kreuzotter? Alles mit Otter, so unterschiedliche Tiere!" Damit hat er mich mal wieder. Fragen, die ich mir noch nie gestellt habe. Ich bin keine Biologin und versuche daher, das Problem irgendwie linguistisch anzugehen. „Tja ...", verschaffe ich mir Zeit. In der Tat, das muss ich zugeben, bestehen zwischen einem

Marder und einer Schlange erhebliche Unterschiede. Wieso also hat man beiden die Bezeichnung Otter gegeben? Ich drehe die Wörter hin und her. Plötzlich fällt mir etwas auf und ein Lösungsvorschlag ein. „Ich glaube, das liegt am Artikel. *Der* Fischotter, aber *die* Kreuzotter. Das ist zwar ansonsten das gleiche Wort, aber weil es einmal den femininen Artikel hat und einmal den maskulinen, bedeutet es nicht das Gleiche." „Aha, wie bei See also." „Genau." Wäre vor ein paar Tagen die Verwirrung darüber, warum es die Nordsee heißt, wenn ein See doch normalerweise gar kein so großes Gewässer ist wie ein Meer, nicht aufgekommen, dann hätte der Otter mich nachts vielleicht um den Schlaf gebracht. Das passiert mir öfter. Eines montagmorgens im Übersetzungskurs hatte ich das Wort „aufwendig" an die Tafel geschrieben. Ein paar Tage später, ich war bereits fast in die Traumwelt entflohen, stand ich mit einem Mal senkrecht im Bett. Aufwendig? Aufwändig? Mit vernebelten Augen schrieb ich beide Wörter auf einen Zettel. Aufwendig. Aufwändig. Welches war nun richtig? Ich versuchte mir das Wort abzuleiten. Kommt „aufwendig" von „Aufwand"? Von „aufwenden"? Hatte ich womöglich eine inzwischen veraltete Schreibweise unterrichtet? Gott sei Dank, so las ich später zu meiner Erleichterung im Duden nach, dürfen beide Schreibweisen verwendet werden.

Seit Atte nach vielen Jahren wieder angefangen hat, Deutsch zu lernen, bringe ich ihm meine Muttersprache bei, und er bildet mich gleichzeitig zur Lehrerin aus. Ich freue mich jedes Mal, wenn ich eine neue Regel aufgestellt habe, die scheinbare Ungereimtheiten dieser Sprache erklärt. Dabei stehe ich häufig vor Fragen, über die ich so noch nie nachgedacht habe und deren Antworten ich mir oft erst einmal erdenken muss. Natürlich reicht es nicht, ihn nur zu berichtigen. Mit Spannung wende ich die entsprechenden Komponenten in verschiedenen Kontexten an, bis sich letztendlich eine Regel herauskristallisiert und ich alles erklären kann oder bis mir das Problem als so unlösbar erscheint, dass ich nachsehe. Außer mit grammatischen und orthografischen Fragen setze ich mich dabei auch mit phonetischen Schwierigkeiten auseinander. Im Finnischen etwa hätte sich eine Frage wie die nach der richtigen Rechtschreibung von „aufwendig" gar nicht erst gestellt. Man hätte es schon beim Aussprechen gemerkt. Phonetisch gesehen wäre *e* eben *e* und *ä* halt *ä* gewesen, in einem finnischen Wort für ein finnisches Ohr ein deutlicher Unterschied und unabhängig von den umgebenden Buchstaben immer der gleiche Laut. Die deutsche Aussprache dagegen treibt Deutschlerner in die phonetische Verzweiflung. So ändern sich im Gegensatz zum Finnischen die lautlichen Eigenschaften eines Graphs im Deutschen je nachdem, ob er am Anfang oder Ende eines Wortes, in offener oder geschlossener Silbe vorkommt und abhängig davon, welche anderen Phoneme darauf folgen. Dass das erste *e* in dem Wort „Ende" vollkommen anders ausgesprochen wird als das letzte und dass die Wörter „Vater" und „Fahrrad" zwar unterschiedliche Anfangsbuchstaben aufweisen, die aber phonetisch identisch sind, überhaupt, dass das *d* am Ende eigentlich ein *t* ist und das *h* überhaupt nicht als solches ausgesprochen wird, sondern zur Verlängerung des *a* dient, wobei ein langes *a* in anderen Wörtern scheinbar willkürlich auch als *aa* oder *a* in der Schrift wiedergegeben werden kann, das sind einige der Dinge, die selbst mir inzwischen vollkommen wahnsinnig vorkommen. Trotz dieser Einsicht kommt man von den jahrelang erlernten Ausspracheregeln nur schwer los. Obwohl ich ihn zwar hören kann, gelingt es mir nach wie vor kaum, einen phonetischen Unterschied zu machen zwischen *leski* (Witwe) und *läski* (Fettwanst), was im Zweifelsfall durchaus zu ungünstigen Situationen führen kann. Um semantische Unfälle zu vermeiden, sollte man sich im Finnischen überhaupt peinlich genau an das halten, was auf dem Papier steht. Doppelvokale und Doppelkonsonanten werden tatsächlich lang gesprochen, was vor allem bei den Konsonanten aus deutscher Sicht gar nicht so einfach ist. Sich auf einem Konsonanten regelrecht auszuruhen, bevor man mit dem Rest des Wortes fortfährt, das ist ein phonetisches Konzept, das es im Deutschen nicht gibt. So fragen meine Eltern oder Freunde in Deutschland immer wieder, was denn „Oni" macht oder wie es „Ate" geht. Dabei ist gerade die Länge eines Lautes im Finnischen sehr oft ausschlaggebend. Schon die kleinste Abweichung kann eine entscheidende Bedeutungsveränderung zur Folge haben. Einmal zum Beispiel, wir hatten gerade gegessen, beklagte sich Atte darüber, dass er so voll sei, dass er sich bestimmt die nächste halbe Stunde nicht mehr bewegen könne. *„Söit sitten liikaa"*, meinte ich und merkte noch dabei, wie mir das *i* zu kurz geraten war und ich ihn soeben bezichtigt hatte, Dreck gegessen zu haben anstatt zu viel. Oder das andere Mal, als er mich fragte, was ich den Abend über noch so vorhätte, und ich antwortete: *„Pitää kai siilittää vaatteet."* Daraufhin lachte er und fragte, woher ich denn jetzt im Winter die ganzen Igel bekäme, mit denen ich die Klamotten ausstopfen wolle. Manchmal kann ich mir einfach nicht merken, ob es nun *silittää* oder *siilittää* heißt, wie viele Doppelvokale oder Doppelkonsonanten in einem Wort sind. Aber der Unterschied zwischen den Taten, die damit beschrieben werden, kann frappierend sein und leicht vom Bügeln bis zur Einquartierung von Wildtieren in diverse Kleidungsstücke reichen.

Helmikuu

Von Pilzsalat in Zeitlupe und Affen in Pelzmänteln

„*Vai sienisalaattia* ..." Tero steht mit offenem Mund vor dem Kühlschrank. Langsam, kaum merklich, nähert sich seine Hand der Plastikschüssel mit dem Pilzsalat, arbeitet sich Zentimeter um Zentimeter vor. Als hätte sich jemand versehentlich auf die Fernbedienung gesetzt und die Welt auf Zeitlupe geschaltet, greift er, jetzt nahe genug am Regal, nach der Verpackung. Als er sie schließlich zu fassen bekommt, dreht er sie in eine geeignete Position und liest vor. Pilzsalat mit Mayonnaise. Die weichen Wörter kommen geschmeidig aus seinem Mund. Noch während er die Schüssel in der Hand hält, sie beinahe liebkost, als hätte er bereits eine persönliche Beziehung zu ihr aufgebaut, sucht er nach der Plastiktüte, die ihm jemand von außen schon seit geraumer Zeit anreicht. Vorsichtig setzt er den Pilzsalat in die Tragetasche, reihen sich die Worte zwischen all die anderen: „*Tämä on sitten eka kasvis.*" Außerhalb der Blase geht es geschäftig zu. Plastiktüten werden mit lautem Rascheln geöffnet, es vermischt sich das Aufreißen der Tüten mit dem Piepen der Kühlschränke, flinke Körper bewegen sich zwischen den Kühlschranktüren, Hände stopfen Joghurtbecher und Tüten voller Roggenbrot in die Plastikbeutel, die mit Dutzenden anderen hektisch auf einem Einkaufswagen weggefahren werden. Zwischendurch schreit jemand nach drei vegetarischen Tüten, der Ruf wird weitergetragen, durch die ganze Reihe, dreimal vegetarisch, bis es alle mitbekommen haben.

Jeden Montagabend stellen sich im Durchschnitt an die 200 Menschen an, um sich in Toppila Lebensmittel mit baldigem Verfallsdatum abzuholen. Die vom Finnischen Roten Kreuz ins Leben gerufene Aktion ist so beliebt, dass sich die Ersten bereits um zwei Uhr nachmittags einfinden, obwohl die Tüten mit Fleisch, Joghurt, Käse, Brot und allerlei anderen Lebensmitteln erst um zwanzig vor sechs ausgeteilt werden. Dabei ist sie erfreulich unbürokratisch. Im Prinzip kann jeder kommen, niemand wird nach irgendwelchen Papieren über eine entsprechende Bedürftigkeit gefragt, sondern muss alleine mit seinem Gewissen abwägen, ob er sich in die Schlange stellt oder nicht. „Selbst wenn der finnische Präsident käme und sich Essen abholte, würden wir ihm das nicht verweigern können", erklärte einmal Sanna, die das Projekt zusammen mit ein paar anderen Koordinatoren leitet. Dazu gehört auch Gabriela, die kleine, stämmige Brasilianerin mit dem immerzu strahlenden Lächeln, die jetzt, ruhig wie immer, inmitten des Chaos Anweisungen gibt und nachsieht, dass es an allen Stellen glattgeht. Nach langer Zeit bin ich mal wieder dabei und habe mich für die Milchprodukte gemeldet. Damit stehe ich gleich neben Tero, dessen Aufgabengebiet die Fleischkühlschränke sind, in denen sich auch die vegetarischen Alternativen wie eben Pilzsalat befinden. Ein buntes Allerlei aus Sprachen erfüllt wie immer den Raum, zwischen Finnisch und Englisch mischen sich französische Wörter und auch viele, die ich nicht so recht zuordnen kann. Genauso wie die Kunden und der Stadtteil Toppila ist auch das Personal multikulturell. Als Ausgabe-Basis fungiert ein Secondhandladen, der montags geschlossen hat. Zwischen Gemälden und Omasesseln werden die Lebensmitteltüten weitergereicht, eine neue Ladung auf den langen Tischen, die normalerweise als kleines Café dienen, aufgebahrt und manchmal auch auf die vegetarischen Portionen gewartet, die unter anderem aus religiösen Gründen immer wieder gewünscht werden. Viele sind Stammkunden und kommen jede Woche wieder, weshalb zwar oft im Voraus schon absehbar ist, in welcher Phase wie viele fleischlose Tüten gebraucht werden. Trotzdem wird es jedes Mal ein wenig hektischer im Packraum, wenn es heißt, drei *kasvis*, vier *kasvis*, und manchmal muss auch auf ein paar Minuten später vertröstet werden. Dann geht es erst mal weiter, Dutzende Tüten wechseln ihre Träger, *ole hyvä, kiitos* im Akkord.

Obwohl Obdachlose oder im Müll wühlende Menschen bisher nicht in der gleichen Weise zum finnischen Stadtbild gehören wie in vielen anderen Ländern, nehmen die Diskussionen über die wachsende Armut und die weiter ins Unermessliche steigende Arbeitslosigkeit in Finnland rapide zu. *Talouskriisi* ist das derzeitige Schlüsselwort, denn kaum vergeht ein Tag, an dem in den Nachrichten nicht von der sich zuspitzenden Wirtschaftskrise die Rede ist. Armut, das ist natürlich auch immer eine relative Sache und hängt davon ab, woran sie gemessen wird. Manchen weniger Bemittelten in Finnland mag es vielleicht im Durchschnitt besser gehen als anderen Armen, auf der anderen Seite erscheinen die bürokratischen Dschungel des finnischen Sozialsystems oft so undurchdringlich, dass andere teilweise oder völlig durch das soziale Raster fallen.

Tero prüft das Verfallsdatum einer Packung Blutwürste. Wie die anderen verfällt auch dieses Packet heute, aber sicher ist sicher. Die Wunderwelt der Lebensmittel zieht ihn in einen magischen Bann, dem die Hektik der umgebenden Welt nichts anhaben kann. Als ich die Tüte mit den Blutwürsten schließlich zu fassen bekomme, bemerke ich, dass die Milchprodukte langsam zur Neige gehen. Obwohl die anfängliche Menge zwischendurch reduziert wurde, damit es für alle reicht, werden die letzten Beutel nur noch mit Brot gefüllt. Heute sind weit über 200 Lebensmitteltüten verteilt worden, wahrscheinlich wegen des milden Wetters. *„Nähdään ensi viikolla!"*, verabschiedet sich jemand. „*Heippa* ... denk dran, dass wir bald Schoko-Osterhasen sammeln für die Osterwoche."

Unten auf dem Parkplatz, an jeder Straßenecke, die ganze Straße entlang türmen sich meterhohe Schneehaufen. Auch der Affe neben der Kaijonharjuer Bibliothek ist eingehüllt von einer weichen Schneedecke, die sich wie ein Pelzmantel um seine Schultern schmiegt. Vor ein paar Wochen fing es an zu schneien. Dann schneite es weiter. Es schneite noch mehr. Es hörte gar nicht mehr auf zu schneien. Die Schneehaufen wuchsen, einige davon wurden wie probeweise auf Lastwagen verladen, abtransportiert und auf eine Schneehalde gebracht, aber das Ganze glich einem Kampf gegen Windmühlen. So schnell wie es schneite, konnte der Mensch der Sache gar nicht hinterherkommen. Dass die *Ilta-Sanomat* noch nicht den Ausnahmezustand ausgerufen hat, obwohl es eine solche Menge an Schnee zumindest in Oulu seit langer Zeit nicht gegeben hat, mag zum einen daran liegen, dass die Ankunft des Winters im Süden des Landes sowieso jedes Jahr überrascht und ich es somit vielleicht dieses Jahr übersehen hatte. Zum anderen hatte man zuletzt andere Dinge über Oulu zu berichten. Normalerweise stehen die Chancen, als Unbeteiligter Opfer einer Straftat zu werden, in Finnland relativ schlecht. Der Klassiker, eine

Messerstecherei unter Alkoholeinfluss, findet oft in einer Privatwohnung statt, Opfer und Täter kennen sich. Gerade deshalb kam es als Schock, als jemand eines Mittwochabends eine Kneipe im Stadtteil Tuira betrat und den Barkeeper sowie einen älteren Mann, der noch versucht hatte zu flüchten, mit einer Axt erschlug. Besonders die anscheinende Willkürlichkeit, die nahezu sichere Gewissheit, dass jeder das Opfer hätte sein können, hatten auch mir irgendwie Angst eingejagt, auch wenn es wohl statistisch gesehen in Oulu weitaus wahrscheinlicher wäre, auf dem Glatteis ausrutschend tödliche Schädelverletzungen zu erleiden als von einem Axtmörder erschlagen zu werden. Die eisigen Rutschbahnen hatten die Stadt auch zuletzt im Griff und machten jeden Gang zum Supermarkt zu einem Abenteuer. Dass *Tokmanni* fünf Tage nach dem Tuira-Vorfall Äxte im Angebot hatte, konnte da auch nur noch Ironie sein.

Unser Weinprojekt ist indes in die nächste Phase eingetreten. Mit tatkräftiger Unterstützung von Niko ist es gestern gelungen, die Dreißig-Liter-Glasflasche samt Inhalt vom Badezimmerboden auf einen Stuhl zu hieven. Da thront das bauchige Gefäß nun und wartet darauf, dass Attes Vater uns letzte Tipps zum Thema *kirkastusaine* gibt. Das Mittel zum Klären des Weins soll ich in heißem Wasser auflösen, während Atte den Wein in ein anderes Gefäß umfüllt. Als ich mit dem Gebräu mit dem stechenden Gestank ins Badezimmer komme, beobachtet er zufrieden, wie die hellrote Flüssigkeit durch den Schlauch langsam in einen Plastikbottich läuft. „Ich finde, das schmeckt schon fast nach Wein, soweit ich das von dem bisschen beim Ansaugen beurteilen kann – zumindest aber riecht es danach!", stellt Atte erfreut fest. In der Tat entströmt dem Bottich ein vergleichsweise angenehmer Geruch, jetzt, nach einigen Minuten unfreiwilliger

Inhalation des Klärmittels meinerseits. Und dieses stinkende Zeug soll in unseren wohlriechenden Wein in spe. Warum eigentlich? „Dadurch sollen mögliche Reste von den Beeren und Äpfeln entfernt werden. Durch das Mittel sinken die Teilchen nach unten und können schließlich herausgefiltert werden. Der Wein wird dadurch dann klarer." Ach so. Immer noch etwas widerwillig rühre ich das Mittel in den Wein. Atte wäscht inzwischen das Glasgefäß, in das wir die fast dreißig Liter wieder zurückleiten wollen. Auf dem Boden der Flasche hat sich die dunkelgrüne Isomatte festgesetzt, die wir zum Polstern unten in das Holzgestell gelegt hatten. Mit der Kraft von Zuckerwasser klebt es dort, bombenfest wie angenagelt. Atte spült, schrubbt, kratzt die Reste schließlich mit einem Messer herunter. Schrubbt weiter. Stück für Stück pellt sich die Isomatte vom Flaschenboden, hinterlässt nasse, grüne Konfetti in der Dusche. Wir lassen den Wein zurück in sein ursprüngliches Zuhause, setzen den Gummiaufsatz mit dem Gärröhrchen wieder auf und sind, zumindest für heute, mit der Arbeit fertig. „Nichts für ungeduldige Leute", meint Atte. Dann plant er bereits den nächsten Schritt. „Lass uns mal zählen, ob wir inzwischen genug Flaschen haben. Das hier sind so ungefähr siebenundzwanzig Liter Wein."

Seit Monaten sammeln wir leere Weinflaschen. Einige haben uns Freunde gespendet, die anderen mussten wir selbst leertrinken. Ich versuche mich daran zu erinnern, wo wir die Flaschen eigentlich überall haben. Im Küchenschrank sind sie nicht zu übersehen, zwei Regale quellen quasi über davon. Jede neue Weinflasche musste zuletzt exakt zwischen die anderen gezirkelt werden, damit doch noch eine daneben passte, die anderen, unwichtigeren Sachen im Schrank mussten nach und nach umziehen. Wahrscheinlich haben wir möglicherweise zu gebrauchende Flaschen aber im Affekt auch noch in andere Schränke gestopft. Ich suche weiter. In der Ecke neben dem Kühlschrank finden sich weitere leere Teerschnaps- und Johannisbeersaftflaschen. Als wirklich alle Glasflaschen auf dem Tisch stehen, machen wir Inventur. Nicht alle eignen sich. Die kleineren Schnaps- und Saftflaschen sind wegen der engen Öffnung voraussichtlich nicht zu gebrauchen, genauso wenig wie die meisten von Attes Whiskyflaschen und die Weinflaschen aus Põltsamaa. Wir wollen nicht riskieren, dass der Korken den Hals sprengt. Als wir mit der Sortiererei fertig sind, stehen noch einundzwanzig Flaschen auf dem Tisch, der aussieht, als hätten wir gerade ein mindestens einwöchiges Trinkgelage hinter uns. Bei weitem nicht genug für siebenundzwanzig Liter. „Dann müssen wir anscheinend weiter herumfragen. Irgendwer wird wohl leere Weinflaschen haben." Für mich ist das zunächst die logischste Schlussfolgerung. Abends hat Atte eine andere Lösung. „Ich hab mal im Internet geguckt. Bei *Kärkkäinen* verkaufen sie auch leere Weinflaschen. Vielleicht ginge das."

Maaliskuu

Von Nachhilfestunden mit der Maus und dem winterlichen Frühlingserwachen

Zwei Wochen später kommt Atte mit einer Palette Weinflaschen nach Hause. „So, jetzt haben wir hoffentlich genug. Ich hab übrigens den Nachbar aus dem Sechsten im Aufzug getroffen. Der interessierte sich gleich dafür, woher ich die Flaschen hätte. Sein Wein ist nämlich auch demnächst fertig." Es ist Freitagabend, gleich nach der Sauna wollen wir mit dem Abfüllen anfangen. Als der immer noch recht trübe Wein in den Bottich läuft, nehmen wir eine Kostprobe. Ich bin positiv überrascht. Eindeutig Wein, und noch nicht mal ein schlechter. „Vielleicht etwas bitterer als vorher", stellt Atte fest, nimmt noch einen Schluck und schwelgt sofort verträumt in Kindheitserinnerungen. „Der Geschmack erinnert mich an den Wein, den mein Vater früher gemacht hat. Am besten war der immer nach vielen, vielen Jahren. Deshalb sollten wir einige Flaschen aufheben und sehen, wie er dann in zehn Jahren schmeckt." Auch ich kann es immer noch kaum glauben, dass wir heute tatsächlich unseren ersten eigenen Wein vor uns haben.

Als die Flaschen ein weiteres Mal gewaschen sind, fangen wir an. Zügig füllt sich eine Flasche nach der anderen mit hellrosafarbener Flüssigkeit. Der Bottich leert sich allerdings nur langsam, langsamer als erwartet. Schon wieder brauchen wir mehr Flaschen. „Lass uns die mit der zu kleinen Öffnung dazu nehmen. Die, die Schraubverschlüsse haben. Müssen wir halt dann bald trinken." Als auch die Põltsamaa-Flaschen voll sind, schöpfen wir den Rest in Weingläser, als das immer noch nicht reicht, füllen wir noch ein Bierglas. Das Pint voller Wein und die filigraneren Weingläser werden allerdings erst einmal beiseite geräumt, denn nun muss verkorkt werden. Auf dem inzwischen recht klebrigen Badezimmerboden inmitten von Dutzenden von offenen Weinflaschen stellen wir zu unserem Erstaunen bald fest, dass es Korken mit verschiedenen Größen gibt. Weder ich noch Atte hatten es je in Betracht gezogen, dass Korken nicht genormt sein könnten. In der einen Packung aber befinden sich Korken in Größe fünf, in der anderen in Größe zwölf. Was immer das auch bedeuten mag, ein direkter Vergleich lässt keinen Zweifel. Die einen sind dicker als die anderen. Woher, um Himmels Willen, hätten wir wissen sollen, welche Korken wir brauchen? Wir beschließen, von Fall zu Fall zu entscheiden. Geht der kleine Korken gar zu einfach in die Flaschenöffnung, nehmen wir einen großen. Ich halte die Flasche gerade, Atte korkt. Relativ zügig kommen wir voran, bis ein Korken in der Verkorkungsmaschine stecken bleibt. Kurze Beratschlagung. Herausgezogen werden kann der Korken nicht mehr, wir müssen ihn irgendwie zurück in die obere Öffnung der Maschine bekommen. Ich schlage eine Haarbürste vor. Dieselbe Bürste hatte sich schon einmal auf Reisen als nützlich erwiesen, als gerade kein Korkenzieher zur Verfügung stand. „Gut, ich hole den Hammer." Einige Schläge später schnellt der Korken aus der Maschine. Wir korken weiter. Gerade, als ich eine Flasche zu den anderen stelle, bemerke ich, dass in einer bereits verkorkten Flasche ein mittelgroßes Stück Korken schwimmt. Atte sieht sich das genauer an. „Komisch, der Korken ist eigentlich intakt. Ich verstehe nicht, wie da so ein großes

Stück Korken in die Flasche kommt. Es sei denn ..." Er dreht die Verkorkungsmaschine um. Auch jetzt steckt dort ein Korkstückchen. „Mist. Wir hätten jedes Mal nachsehen sollen, ob was hängen geblieben ist. Der Gedanke ist mir gar nicht gekommen." Mir auch nicht. Ich sehe alle Flaschen durch, manche müssen wieder entkorkt und der Inhalt von Korkresten befreit werden. Als auch das geschafft ist, waschen wir die klebrigen Reste von den Flaschen, trocknen ab, räumen in die Küche, in der Hemppa gerade mal wieder sein Unwesen treibt und zwischen Ball und der willkommenen abendlichen Action hin- und herpendelt. Auch für ihn ist das Weinprojekt aufregend. Mister Impossible, wie Atte ihn inzwischen getauft hat, sitzt mitten in der Küche und beobachtet das Szenario. Sichtlich begeistert davon, dass endlich etwas los ist, rennt er bald hierhin, bald dahin, lugt ins Badezimmer, gluckst und quietscht vor sich hin. Als es uns gelungen ist, alle Flaschen verkorkt in die Küche zu stellen, ohne Hemppa ein einziges Mal umzurennen, verkündet Atte, dass wir einen Fön brauchen. Einen Fön? Ungläubig sehe ich meinen Freund an. So viel hatte er von dem Wein doch gar nicht gekostet, oder schaltete mein Gehirn nicht schnell genug? „Weißt du noch, wie einmal in der Sendung mit der Maus ..." Wir sehen uns sonntags immer die Sendung mit der Maus an. Was aber hatte das mit dem Fön und dem Wein zu tun? Ich stehe nach wie vor mitten auf dem Schlauch. „Na, die Plastikkappen und der Fön." Jetzt fällt es mir, zumindest fast, wieder ein. In irgendeiner Sendung wurden Plastikkappen durch Wärme an den Flaschenhals angepasst. So stellte er sich das also jetzt auch vor. Gut, dass zumindest einer von uns aufgepasst hat!

Ganz wie in der Sendung mit der Maus funktioniert es leider bei uns nicht. Ein bisschen verbiegen sich die Kappen, aber fest um den Flaschenhals bekommen wir sie nicht. Auch kochendes Wasser hilft uns nicht weiter. Ich würde zum letzten Mittel greifen müssen. Der chinesische Fön. Ein Grauen von einem Haartrockner. Laut röhrend bahnt er sich seinen Weg zum Flaschenhals und nähert sich den Plastikkappen. Die eingeschüchterten Kappen geben schnell nach, schmiegen sich an die Flasche und sitzen innerhalb von Sekunden bombenfest. Also doch. Die Maus hatte recht. „Gut, dann mach du das, ich räume das Badezimmer auf." Obwohl es erstaunlich viel Spaß macht, den Kappen mit dem chinesischen Ungeheuer auf den Leib zu rücken, packe ich nach ein paar Flaschen meine Ohrenstöpsel aus.

Der letzte Schritt besteht darin, den Wein zu etikettieren. Als auf jeder der dreiunddreißig Flaschen „*omena-pihlajanmarja*" steht und der ganze Satz im Keller untergebracht ist, stoßen wir erschöpft an. Auf unseren ersten eigenen Wein, das Weinprojekt, das nach vielen Monaten nun zu seinem Ende gekommen ist. Obwohl glücklich darüber, bin ich plötzlich auch ein bisschen sprachlos. Atte übernimmt das Sprechen an dieser Stelle. „Wir sollten uns überlegen, woraus wir den nächsten Wein machen."

Die Sonne strahlt, macht zum ersten Mal in diesem Jahr vorsichtige Hoffnungen auf Frühling, und ich gehe nach Wochen voller Stürme, Schnee und Glatteis am See spazieren. Glatt ist es immer noch, allerdings sind die Plustemperaturen der letzten Tage zusammen mit der Sonne den Schneemassen dieses Jahr ungewöhnlich früh auf den Leib gerückt. Zum ersten Mal überhaupt wurde diesen Winter die Eisstraße nach Hailuoto nicht geöffnet. Das Eis blieb einfach zu dünn, um mit Sicherheit Autos auf sich tragen zu können.

Die Hauptwege rund um den Kuivasjärvi sind trotz allem immer noch umgeben von groben Schneeklumpen, die wie weiße Gesteinsbrocken den Weg säumen. In den Wald führt ein Netzwerk von in den Schnee getretenen Wegen und Loipen. Überraschend viele Menschen sind unterwegs. Sind es sonst nur die Hundebesitzer, die sich mit griesgrämiger Miene von ihrem Haustier durch den nächsten grauen Tag ziehen lassen, so scheint heute einfach jeder draußen zu sein. Das ältere Ehepaar geht spazieren, der Jogger mit Pulsmessgerät am Arm spuckt in die Landschaft, zwischen den Bäumen saust eine Frau auf Skiern vorbei. Auch auf dem See gleitet ein einzelner Skifahrer dahin, obwohl mir das angesichts der klaren Plustemperaturen zuletzt doch etwas gewagt erscheint. Am Wegesrand wartet ein verlorener Handschuh an einem Zweig auf seinen Besitzer, weiter hinten verlieren sich Tierspuren im Dickicht, auf dem Boden erscheinen tote Blätter im Eis wie in Bernstein eingeschlossen.

Während ich so meinen Gedanken nachhänge und die sonnige Landschaft genieße, haut mir urplötzlich jemand auf die Schulter. Eigentlich erschrecke ich trotz der abrupten Unterbrechung im ersten Moment nicht mal, sondern denke zunächst an Atte. Schnell schließt mein Gehirn diese Möglichkeit aus, denn Atte ist an der Uni. Fragezeichen über Fragezeichen türmen sich über meinem Kopf. Wer außer Atte würde mich so invasiv grüßen? Noch bevor ich neue Vermutungen anstellen kann, erscheint ein fast vertrautes Gesicht in meinem Blickfeld und verschwindet genauso schnell wieder. Schnell setzt mein Gehirn alle Teile zusammen. Wenn ich von dem eben Gesehenen den Bart abziehe, kommt dabei SPT heraus. Ehe ich das begreife und zurückgrüßen kann, rast der Kaijonharju-Veteran bereits wie ein Rennradler auf seinem Fahrrad davon und verschwindet hinter der nächsten Kurve. SPT wirkt in letzter Zeit wie ausgewechselt, fast glücklich. Wann seine letzte Fragestunde stattgefunden hat, daran kann ich mich schon gar nicht mehr erinnern. Die gesprungene Platte läuft in letzter Zeit überraschend akkurat. Vielleicht hat er sich verliebt, denke ich. Oder machen Sentenced ein Comeback? Kann es einfach nur am nahenden Frühling liegen, oder ist er gar von seiner alten Lebensweisheit des richtigen Rockers weggekommen? Betrunken habe ich ihn schon länger nicht mehr gesehen. Was auch immer SPTs Gemütszustand und Lebenswandel so verändert haben mag, heute scheint es ihm gut zu gehen.

Gut geht es auch mir, die Zeit im Wald hat mich richtiggehend von wochenlangem Drinnensein entgiftet. Ich fühle mich wie befreit. Meine Gedanken scheinen nicht mehr in einer kleinen Kiste eingeengt zu sein, der Spaziergang in der Natur hat den Deckel geöffnet. Die *Ilta-Sanomat* droht zwar bereits mit einem *takatalvi*, einem Winter, der im Frühling noch einmal nachtritt, eine Reihe von Frühlingsboten behauptet sich jedoch bisher erfolgreich und tritt von Tag zu Tag stärker in Erscheinung. Sonne, ein strahlend blauer Himmel, Glatteis, der Geruch von Hundescheiße, dreckiger Schnee, und auch die hässlichen Männer und Frauen von Kaijonharju sind inzwischen wieder hervorgekommen und sitzen immer öfter auf der Mauer neben dem Supermarkt. Als ich wieder auf unsere Straße einbiege, kommt mir plötzlich eine Idee, wie ich vielleicht auch das Leben der Hexe im Gefängnis angenehmer gestalten könnte. Aus einer vorfrühlingshaften Laune heraus winke ich ihr an diesem sonnigen Tag einfach mal zu. Sie, auf der anderen Seite des Fensters, weiß anscheinend gar nicht, wie ihr geschieht, denn sie zögert keinen Moment und winkt begeistert zurück.

Die finnischen Monatsnamen

Tammikuu (Januar): Außer Eiche bedeutet das Wort „tammi" in einigen finnischen Dialekten auch Herz, Mittelpunkt, Kern. Der Januar befindet sich somit im Herz, also in der Mitte des Winters. Eine andere Erklärung sieht im Januar die härteste Zeit des Jahres und zieht Vergleiche mit der Eiche, die eine der härtesten und robustesten Baumarten ist.

Helmikuu (Februar): Der „Perlenmonat" bezieht seinen Namen auf die Eisperlen, die sich nach Tauwetter auf den Ästen der Bäume zeigen, wenn es plötzlich wieder sehr kalt wird.

Maaliskuu (März): Zum Ursprung des Namens des dritten Monats gibt es verschiedene Ansichten. Die verbreitetste geht davon aus, dass er auf das Wort „maa" (Erde) zurückgeht. Im März zeigt sich die Erde wieder unter der Schneedecke, zumindest im Süden des Landes.

Huhtikuu (April): Der April leitet seinen finnischen Namen ab von „huhta", der Brandrodung von Nadelwäldern. Dabei wird Nadelwald gefällt und später verbrannt, damit auf der dadurch entstandenen fruchtbaren Erde angebaut werden kann.

Toukokuu (Mai): Der Monat der Feldarbeit im Frühling. Die neue Saat wird in diesem Monat vorbereitet: Es wird gepflügt, geeggt und gesät.

Kesäkuu (Juni): Der Sommermonat

Heinäkuu (Juli): Der Heumonat, also die Zeit des Heumachens.

Elokuu (August): Der Erntemonat. „Elonkorjuu" bedeutet Ernte.

Syyskuu (September): Der Herbstmonat

Lokakuu (Oktober): Der Drecksmonat

Marraskuu (November): Der tote Monat

Joulukuu (Dezember): Der Weihnachtsmonat

Quelle (u.a.): Taivaannaula.org.